運力

—あなたの人生はこれで決まる—

天《てん》外《げ》伺《し》朗《ろう》

祥伝社黄金文庫

まえがき

人生は、まさにさまざま……光り輝く至福の一生もあれば、涙と怨《うら》みと愚痴《ぐち》にまみれたまま命が尽きる人もいます。本書では、その違いを「運力」というただひとつの指標で説明します。逆に、知識、学力などペーパーテストに結果が出るような能力は人生のグレード（等級）やクオリティー（質）には、ほとんど影響を及ぼしません。

たとえば、走力という能力なら、オリンピック選手は桁違《けたちが》いに速いし、文章力なら何億円と稼ぐ流行作家もいます。

運力も同じです。

人によってきわめて大きな差があり、それがそのまま、人生の差になっています。

運力は、一般的には「好運を呼ぶ力」と思われていますが、本書ではすこし変えて「自らの運命に対するマネジメント力」「不運のなかに好運を見出す力」などと定義しています。

また、運命の基本的性質についても述べています。

周期性があること。ピークが高くなると、ボトムも深くなること。さらには、誰の目にも見える運命の流れ（外的運命）の背後に、目に見えないもうひとつの運命の流れ（内的運命）があること、などです。

それらは、私独自の見解ですが、「算命学《さんめいがく》」や『易経《えききょう》』などの古典や、いにしえの賢人たちの教えとの共通点もあります。

運力は鍛えれば、何歳からでも強化できます。

本書では、仏教やヒンズー教の教義、深層心理学、トランスパーソナル心理学などの知見を総合して、運力の強化法や、ボトムの対処法などを述べています。

運力の強化はお手軽にはできませんし、知識として知っただけではだめで、長年の地道な努力が必要です。しかしながら、今日決心してスタートすれば、光り輝く人生に向かって、一歩一歩着実に歩いていけます。

二〇一〇年十月

天外《てんげ》伺朗《しろう》

運力

——あなたの人生はこれで決まる——

[目次]

装幀——川畑博昭
図版——天外伺朗＋ＤＡＸ
写真協力——毎日新聞社

［1章］

「運《うん》力《りょく》」とはなにか？

「運力」のお話をしましょう。

このことばは、ふつうは「好運を呼ぶ力」という感じで、とても軽い意味で使われていますね。

本書では、それとはすこし違う意味で使いますので、まず、いままでの常識をいったん捨てていただくと、理解しやすくなると思います。

まず、本題に入る前に、良寛《りょうかん》のことばを味わってみましょう。子どもたちと手毬《てまり》をついて遊んでいたという、よく知られた、あの江戸時代の僧侶です。

——災難にあう時節には、災難にあうがよく候《そうろう》。死ぬ時節には、死ぬがよく候。これはこれ災難をのがるる妙法《みょうほう》にて候（良寛）——

どういう状況で、このことばが語られたのかは知りませんが、農民か誰かに、「災難にあわないですむためには、どうしたらいいでしょうか?」と聞かれたと想像してみましょう。

その農民はたぶん、「毎日、このお経を読みなさい」とか、「不動明王《ふどうみょうおう》のお札《ふだ》を身につけなさい」とかいった、具体的な指示を期待していたでしょうね。

それが、「災難を避けようとしないで、ちゃんと経験すればよい」と言われてしまったのです。農民のキョトンとした顔が目に浮かぶようですね。

表面的にとらえると、良寛のことばは矛盾に満ちています。災難にあわないようにするにはどうすればいいか、という質問に対して、災難にあえばいいという答えはないでしょう。

しかもそれを、「災難をのがるる妙法」とヌケヌケと言っているわけです。気難しい人だったら「なにを言ってやがんだ！」と、怒り出してしまうかもしれません。

しかしながら、このことばは、とても深い内容を含んでおり、「運力」の神秘にアプローチするための、ひとつの入口になっています。以下、それを解説します。

まず最初に、「災難にあう時節」というのは、なにを意味しているのでしょうか。

時節というのはそういう、ときの流れを表わします。

良寛は、未来のできごとというのは、サイコロを振るように、まったく偶然に起きるのではなく、ある必然性を持った「流れ」のようなものがある、という立場に立っているのでしょう。

それを「運命の流れ」と呼ぶことにします。

運命の流れが、災難に向かっているのなら、ジタバタして無理矢理そこから、のがれようとしないで、従容《しょうよう》としてその流れを受け入れたほうがいい、というのが最初の文の意味です。

これは、すごい真理なのですが、字面《じづら》をそのまま解釈すると、すこしわかりにくいかもしれません。病気を例にとって説明しましょう。病気というのは、あきらかに災難のひとつですね。

なぜ病気になったか、というのは難しい問題で、遺伝的要因も無視できないし、ひとつふたつの要因を断定することには無理があります。

しかしながら、食生活を含む生活習慣、職場や家庭におけるストレス、さまざまな人間関係、本人の精神状態などが自己免疫力を低下させたりして、すくなからぬ影響を及ぼしていることはまちがいないでしょう。

言いかたを換えれば、本人の生きかたが、なんらかの意味で宇宙との調和が取れなくなったとき、それが病気という症状に現われるとも表現できます。

運命の流れが病気に向かっているとき、つまり、宇宙との不調和が大きくなってきたとき、ふつうは誰でも病気で臥《ふ》せることがないようにあらゆる手段を講じますね。運動をしたり、サプリメントを飲んだり、あるいは加持祈禱《かじきとう》に頼ったりします。それらの手段がうまくいって、病気にならなかったとします。ふつうなら「ラッキー！」と言って、それで終わりです。

でも、考えてみてください。病気は避けることはできたとしても、宇宙との不調和はそのままなのです。

本人は、自らの人生を顧《かえり》みることなく、前と同じような生きかたを続けることでしょう。宇宙との不調和は、さらに大きくなり、それは前よりもはるかに大きく、はるかに厳しい災厄《さいやく》につながってしまう可能性があります。

むしろ、病気になって、それまでと同じ生きかたが続けられなくなり、宇宙との不調和が解消できたとしたら、その人の人生は、よりよい方向に変容していくでしょう。

つまり、病気という運命の流れに抵抗しないで、それを従容として受け入れることにより、人生は好転する可能性があるのです。

もちろん、病気になったことを受け入れ、その要因が自らの生きかたにある、ということが自覚できなければ、なんの意味もありません。

そういう態度を、「病気と直面する」ということにします。

しっかりと直面できれば、病気というのは、不運でも災難でも、避けるべきことでもなく、宇宙との調和が破れていることを自分に教えてくれた、とてもありがたいできごとだったことに気づきます。

つまり、直面することにより、病気という災難が、災難ではなくなってしまうのです。それが、良寛の最後の文「災難をのがるる妙法」ということになります。

いま、ほとんどの読者は、「病気と直面する」ということが、腑《ふ》に落ちないと思います。なんとなく、「そんな馬鹿な！」という感覚が浮かんでくるでしょうし、たんなる理想論か絵空事に聞こえてしまうでしょう。

無理もありません。一般常識とは、あまりにも違うからです。

ふつうは、病気になったら「なんで俺がこんな目にあわなきゃいけないんだ！」と、運命を怨みますね。がっくりくるし、悲しくなるし、愚痴も出るでしょう。

そういう態度を、「病気を否定する」ということにします。誰もが、病気は災難で、不運で、不幸なできごとだととらえています。だから、否定するのが当然です。

病気に直面するということは、病気というできごとを受け入れて、そのなかに意味を見出していくことです。それができる人は、めったにいません。

ですが、このことは、私が過去一二年間取り組んできた「ホロトロピック・ムーブメント」という医療改革の中心課題であり、たんに頭で考えた観念的な絵空事を述べているのではありません。

いま、おつきあいいただいている医療者のなかには、難病が治った患者さんの声を集めてパンフレットを作っておられる方が、何人かいらっしゃいます。

当然のことながら、それは「難病が治ってよかった」という声にあふれていますが、よくよく読み込んでいくと、何十人かにひとり、「病気になってよかった」という声を発見します。

病気になったおかげで、こんな「気づき」が得られた。病気になる以前より、はるかにすばらしい人生になった——というわけです。

つまり、良寛が言うように、病気に直面することにより、災難が災難ではなくなり病気に感謝している人たちが、わずかな人数ですが、たしかにいるのです。

気づき、というのは意識の変容を意味します。この場合には、病気によって死と直面できたことによる変容であり、ユング心理学のことばで「実存的変容」と言います。それは、人間としての精神的な成長のひとつのステップです。

病気というのは、じつは精神的に成長する絶好の機会なのです。ホロトロピック・

ムーブメントというのは、患者さんが病気と直面し「実存的変容」に向かうことを、医療者が密《ひそ》かにサポートしましょう、という運動です。

つまり、医療者はたんに病気の治療をするだけでなく、「災難をのがるる妙法」を教える役割を担うということです。

それは、二〇〇年前に良寛が説いていたことであり、本来は宗教家の役割だったことです。

ホロトロピック・ムーブメントに巻き込まれた医療者は、病気の治療以外に宗教家の役割もこなさなければならず、しかも、それによる診療報酬は一銭にもならないので、とてもたいへんです。

いま、災難のひとつの例として、病気を取り上げました。

もちろん、ほかの災難でもまったく同じです。交通事故、会社の倒産、リストラ、左遷、入学や就職試験の失敗、失恋、離婚、信頼していた人の裏切り、などなど数えあげればきりがないほどの災難や逆境が、私たちの人生の途上で待ち受けています。

これらは、すべて心理学的には「疑似的な死」に相当しています。疑似的な死というのは、「直面すると、実存的変容につながる可能性が高い」という原則があります。

逆に言うと、これらの災難や逆境が、なぜ苦しみになってしまうかというと、直面することも受容することもできず、ジタバタとそこからのがれようとするからです。つまり、災難そのものより、それを否定しようとする自らの心の動きが、苦しみの源泉だし、災難を人生のうえでの大きな災厄に育ててしまう元凶なのです。

良寛のことばの真意が伝わりましたでしょうか？

これほど奥深い内容を、簡単なことばで、さらりと言ってのける良寛は、やはり、ただものではなかったと思います。これを聞いた農民が、論理的に納得できたとはとうてい思えません。

でも、いざ災難に遭遇したとき、このことばが心の隅にひっかかっていたら、「そういえばあの敬愛すべき良寛さまが、災難にあう時節には、災難にあうがよく候とおっしゃっていたな」と、災難を否定しないで直面する方向に行く可能性があります。

そうすると、災難が災難でなくなり、「災難をのがるる妙法」になることもあるでしょう。

近代文明人は理屈っぽいので、なかなか江戸時代みたいに簡単にはいかないでしょうが、こうやって詳細に解説すれば、すこしはお役に立てるのではないかと思います。

運力の奥深い内容に関しては、おいおい、すこしずつお話ししていきますが、まずは入門編の最初の定義を示します。

運力の法則❶

運力とは、災難や逆境に直面し、そのなかに意味を見出す力。言い換えると、不運のなかから好運をつかみ取る力。

［2章］

「プラス思考」の落とし穴

運力の最初の定義として、災難や逆境に直面し、そのなかにしっかりと意味を見出していく力だ、と述べました。

そうすると、読者のなかには、「なあんだ、プラス思考のことか」と、誤解される方もいらっしゃるでしょう。

プラス思考というのは、ポジティブ・シンキング（Positive Thinking）とも言われていますが、どんなに状況が悪くても、どこかに必ずプラスの要素があるので、それを探し出して着目すれば、ものごとは必ず好転しますよ、という教えであり、世の中に広く知られています。

たしかに、悪いことばかり口にしていると、自分も周囲も暗くなり、どんどんそのとおりになってしまう、という傾向があります。だから、無理にでも明るい話題に振るということは、けっしてまちがいではないでしょう。

しかしながら、「つねにプラス思考ができる」ということと、「運力が強い」ということは、まったく違います。

いくらプラス思考を心がけても、運力の強化にはつながりません。ちょっと聞くと、同じような内容なのですが、そこには微妙な違いがあり、その違いは人生にとって決定的な差になります。それを、いまから説明しましょう。

最初に、結論から言います。

――プラス思考というのは、意識レベルにおける、本人の意志の問題なのに対して、運力というのは、無意識に定着した底力《そこぢから》のことを言います――

この結論は、ほとんどの人にとって理解できないと思います。その謎を、いまからすこしずつ紐解《ひもと》いていきましょう。

まず、ここで使っている「無意識」ということばは、深層心理学の用語なのですが、一般の人にはなじみがないと思います。

ふつうは、無意識というと気絶して意識がない状態とか、なんの気なしに、なかば自動的になにかの行動をしたときに、「無意識にやった」などと言いますね。

心理学での用法は、それとはまったく違います。

私たち人間は、表層的な意識レベルでは、感知できない深いレベルでの心の働きがあり、そのレベルにさまざまな歪《ひずみ》が蓄積されていたり、動物的な衝動を含む多くの衝動の源《みなもと》になっている、という考えかたです。

俗に言う「潜在意識」というのと同じ意味です。

例を挙げましょう。

「梅干しを思い出してください」と言われると、誰でも口のなかに唾《つば》がわいてきますね。これは、「パブロフの条件反射」として、中学か高校で教わっている現象です。犬に餌《えさ》をやるたびに鈴を聞かせていると、やがて鈴の音を聞いただけで、唾液が出るようになってきます。

人間の場合には、ことばが操《あやつ》れるので、右のメッセージを聞いただけで、実際には口のなかに梅干しがないにもかかわらず、その状態を思い出して唾がわいてくるのです。すこし難しくなりますが、これを詳しく見ていきましょう。

まず言語というのは、大脳のなかの新皮質《しんひしつ》という部位で処理されています。「梅干しを思い出してください」と聞いたとき、新皮質が活性化しその意味を解釈します。でも、その情報が新皮質にとどまっているあいだは、身体はなんの反応も起こしません。私たちの会話の大部分は、新皮質と新皮質の情報のやりとりであり、身体が反応することはめったにありません。

先のメッセージを聞いて、口のなかに唾がわいてきたということは、その情報が新皮質にとどまっておらず、爬虫類《はちゅうるい》時代までに発達した古い脳まで伝達され、身体がコントロールされた、ということです。

このとき、新皮質における言語の処理が意識レベルに、また古い脳による情報処理で唾がわいてきたという、身体のコントロールが無意識レベルの働きに相当します。

さて、ここでメッセージを変えて、「梅干しを思い出さないでください」と言ったとします。どうでしょう。この文を読んだだけで、口のなかがすこし酸《す》っぱいような感じになりませんでしたか。

じつは、身体は「梅干し」というキーワードに自動的に反応してしまいます。

つまり、「思い出さないでください」という論理的な指示は、無視されてしまうのです。論理というのは、新皮質が司《つかさど》っており、意識レベルの情報操作です。

この場合には、意識レベルと無意識レベルで、まったく逆なことが起こっています。つまり、意識レベルでは「思い出さない」という指示を受け取っているにもかかわらず、無意識レベルでは、しっかりと思い出しており、身体はそのとおりに反応しているわけです。

「プラス思考」でも同じことが起きます。

意識レベルでは「すべてをプラスにとらえなければいけない」と思って、プラスにプラスに考えをめぐらせるのですが、無意識レベルでは、すっかりマイナスの考えにとらわれており、なんの光明も見出せなくて、絶望していることが多いのです。

もちろん身体のレベルは、無意識のコントロール下にありますので、表面的にうまくいっているプラス思考とは裏腹に、身体には絶望の症状が出てきます。

　この場合には、プラス思考の努力をすればするほど、意識レベルと無意識レベルのギャップは大きくなり、どんどん泥沼にはまっていきます。身体が、そのギャップに耐えられなくなると、うつ病になります。

　いまの例は、意識レベルでは首尾よくプラス思考ができたけれど、無意識レベルはそれについて行けずに反乱を起こしたケースです。実際には、意識レベルのプラス思考すら、うまくできないケースのほうが圧倒的に多いでしょう。

　つまり、自分を取り巻く状況がとてもひどいなかで、本人は、懸命にプラス思考をしようとするのだけれども、ふと気がつくと、マイナスの考えに陥《おちい》っている自分を発見する、ということです。これは、多くの読者が体験しておられると思います。

　なまじっか、プラス思考を信奉しているばかりに、マイナス思考をしている自分を発見すると、激しく責めたてる傾向があります。

「本来は、すべてをプラスにとらえなくてはいけないのに、またマイナス思考をしてしまった。自分は、なんてだめな人間なんだろう！　なさけない……（嘆息《ためいき》）…」

　といった具合です。

そうすると、ますます落ち込んで、自己否定のループに入ってしまいます。まさに、プラス思考を信じていることとじたいが、落ち込む要因になってしまうのです。

もちろん、プラス思考でうまくいくこともあるのですが、このような落とし穴もあり、うかつに実行するとひどい目にあいます。

もし、マイナス思考にとらわれている自分を発見したら、無理矢理にプラス思考をしようとはしないで、マイナス思考をしている自分を、そっくりそのまま認め、受容してあげることがおすすめです。

そのとき、できれば自分自身を客観的に観察し、「あ、いま君は、マイナス思考をしているんだね。それでいいんだよ。しばらくマイナス思考をしてようね」と言ってあげるとよいでしょう。

必死にプラス思考をしようと努力するより、はるかにものごとは好転するし、うつ病になる確率も下がります。

このように、意識と無意識の働きがわかってくると、安易にプラス思考に走る危険性が理解できると思います。

このことは、身体を使う能力に関しては、誰でも常識として知っています。『ピアノの弾きかた』という本を一〇〇万回読んだからといって、ピアノが弾けるようにはならないし、『How To Swim（いかに泳ぐか）』という本を読んで泳げるようになった人はいません。

『自転車の乗りかた』なんて本があるとは思いませんが、言語で記述すると、やたらにややこしくなり、かえってわからなくなってしまうでしょう。

それより、なんの説明もなしに、実際に自転車にまたがって練習すれば、誰でもすぐに乗れるようになります。

つまり、言語で書かれた内容を、頭（新皮質）で理解するという、意識レベルの作業と、ピアノを弾いたり、泳いだり、自転車に乗ったりといった身体的な作業は、根本的に異なることなのです。

プラス思考というのは身体的な能力とかぎりませんが、じつは原理的には同じです。

「すべてのできごとを、プラスにとらえましょう」という、意識レベルの作業は、基本的には『ピアノの弾きかた』の本に書いてある知識と同じことです。

内容的にはまちがいではなく、すべて正しいのですが、知識を獲得したからといってピアノを弾けるようにはなりません。

ピアノを弾くためには、つまらないフレーズからすこしずつ練習が必要なように、あるいは、泳ぎを覚えるためには、溺《おぼ》れないように背が立つところですこしずつ練習するように、運力の強化も、身体感覚として地道に獲得する必要があるのです。

本書では順を追って、それをご説明いたします。

運力の法則❷

運力は、知識として覚えることは不可能であり、身体感覚としてすこしずつ獲得することにより、身につく。

［3章］

好運と不運

「人間万事塞翁《じんかんばんじさいおう》が馬《うま》」という、中国の古い諺《ことわざ》を聞いたことはありませんか。おそらくは、本当にあった話なのでしょう。

——辺境の塞《さい》というところに住む人がいた。

馬に逃げられてしまったので、人々は気の毒がって、口々にお見舞いを述べた。それに対して、彼はこう言った。

「いや、いや、嘆くことはないよ。この災難が、福にならんともかぎらんからな」

しばらくして、その馬がすばらしい駿馬《しゅんめ》を連れて戻ってきたので、人々がお祝いを述べると、ひとこと。

「いや、これが、災の種にならんともかぎらんよ」

案《あん》の定《じょう》、その人の子どもが、駿馬に乗っていたときに落馬して、股《もも》の骨を折ってしまった。お見舞いを言う人々に、またひとこと。

「なに、この災難が、福にならんともかぎらんよ」

やがて戦争がはじまり、多くの若者が徴兵されて戦死した。その息子は、骨折の後

遺症のために徴兵をまぬがれ、無事だった――

このエピソードは、一般には、「好運と不運は、簡単には区別できないよ」というメッセージ、あるいは「好運のなかには不運の種が、不運のなかには好運の種が隠されていますよ」という教訓と解釈されています。

本書ではまず、「このじいさん（塞翁）は、なかなか運力が強いね」と解釈します。なぜかというと、不運にも落ち込まず、好運にも有頂天にならず、せまりくる運命を淡々と受けとめているからです。

「なにごとにも動ぜず」という風情ですね。

このエピソードでは、塞翁のこの淡々として、動じない態度とは無関係に、さまざまな好運や不運が襲ってくるような印象を受けます。

私たちの実際の人生では、この淡々と動じない態度、つまり運力が強くないと、不運のときに泥沼に落ち込んだり、好運のときに、はしゃぎすぎて道を踏みはずしてしまうことが多いのです。

逆に運力が強ければ、不運のなかに好運を見出すことができます。

1章では、病気の例を出しました。

病気という災難にあったとき、ほとんどの人はその事実を否定しようとします。

つまり、病気になったことを嘆き、悲しみ、愚痴を言い、運命を呪《のろ》ってしまうのです。そういう人には、「気づき」は訪れません。ひたすら、災難としての病気に対処していくだけです。

塞翁のように、病気になっても「なに、この災難が、福にならんともかぎらんよ」あるいは、良寛のように「病気になる時節には、病気になるのがよく候」と思っている人だけが、病気と直面できます。

そして、自らの生きかたが宇宙の流れと調和していなかったことが、病気になった要因だと気づき、人間として変容し、成長していけるのです。

つまり、不運が不運で終わってしまうのか、それとも好運へと変容するのかは、その人の運力で決まります。

この運力という力は、とても大きな個人差があります。

もちろんそれは、外から見える力ではないし、簡単に測定することもできません。

でも、運力の差は、そのまま人生の差になって現われます。光り輝いて、喜びのなかに人生を送るのか、愚痴と嘆息のなかに一生を終わるのか、という差です。

たとえば走力なら、短距離でもマラソンでも、私たちとオリンピック選手とでは桁《けた》違《ちが》いの差があることは、誰でも知っています。

跳躍力とか敏捷性《びんしょうせい》といった個別の能力だけでなく、野球やサッカーのような総合的な能力でも同じことです。運動能力だけでなく、歌唱力、文章力といった能力も、プロとアマチュアでは比べようもありません。

運力も同じです。

プロみたいな人もいれば、初心者のまま一生を終わる人もいます。

運力が問われるのが、「人生」という競技です。オリンピック種目には入っていませんが、そのかわりに、地球上の全人類がこの競技に参加しています。

――よりよい人生を生きるために、もっとも重要な基礎力が運力――

逆に言うと、知識や学力や試験の成績などは、特定の職業に就《つ》くには必要ですが、人生そのもののグレード（等級）やクオリティー（質）にとって、それほど大きな影響力を持っていません。

にもかかわらず、いままでの社会は、家庭でも公教育でも、人々は学力ばかりを追い求め、運力の重要性は無視されてきました。

ほかのあらゆる能力と同じことですが、運力の強さには遺伝的な素質も、また幼少時からの育てられかたも大きく影響しています。そして、鍛えれば強化できる点も同じです。

運動能力は、年齢とともに衰えます。八〇歳から猛トレーニングをしても、オリンピックには行けません。

運力は、年齢には関係ありません。鍛えれば、何歳からでも強化できます。むしろ、それまでの人生経験がプラスに作用することが多いでしょう。

どんな悲惨な人生でも、けっしてむだだったわけではなく、苦しんだぶんだけ魂《たましい》は学んできています。ただし、その奥深い学びが、この人生で生きてくるには、どこかで「気づき」が必要です。

運動能力なら、二、三カ月もトレーニングすれば、ある程度の向上が目に見えます。運力は、もっと時間が必要です。何年も地道な努力を続けないと、効果は見えません。

プラス思考のように、意識レベルでちょっと考えかたを変えれば、すぐに効果が現われますよ、といったきわめて表面的なノウハウではなく、運力というのは、人間のいわば土台が問われるわけですから、時間がかかるのは当然です。

運力が強ければ、不運のなかから好運をつかみ取ることができるとすると、もともと不運という存在があるのか、という疑問が出てきます。

次々に押し寄せてくるできごとというのは、好運も不運もなく中立的なのだ、という解釈もありえます。そのできごとに「これは好運」とか「これは不運」とかレッテルを貼っているのが、私たちであり、同じようなできごとでも人によっては貼るレッテルが違う、と考えるのです。

運力の弱い人は、やたらに「不運」というレッテルを貼りまくる傾向があります。自分で貼っていることにも気づかず、「ああ、俺はなんて運が悪いんだ！」と嘆き、ジタバタし、あせって悪あがきをします。

そういう人のまわりには、誰も寄ってきません。ジタバタすればするほど、まともなデシジョン（判断、決断）はできなくなります。つまり、不運というレッテルを貼ることにより、次々に不運を呼び込んでしまうのです。

逆に、運力が強い人は、ほとんどのできごとに「好運」というレッテルを貼り、「不運」というレッテルの出番は、とてもすくなくなります。

自分はなんて運がいいのだろう、と感じると、心は穏やかでリラックスでき、対人関係もよくなります。人も自然に集まってきます。つまり、好運というレッテルは、さらなる好運を呼びます。

もともと中立的なできごとに、本人が「不運」というレッテルを貼るものだから、それが不運に化けるというのは、ひとつの見かたであり、ほかの解釈も可能です。

ところが、やたらめったら「不運」というレッテルを貼っていると、本当に不運を呼び込んでしまう、というのは事実でしょう。誰が見ても運が悪い人生になってしまうのです。

逆に、「好運」というレッテルを貼り続けていれば、誰が見ても運がよい人生になります。

つまり、病気の例をお話ししたときには、運力の強い人は一見《いっけん》すると不運に見えるできごとのなかに好運を見出していく、という主旨を述べました。じつは、そうこうするうちに、だんだん、一見不運なできごとが起きなくなっていきます。

外からは運力の働きは見えませんから、そうすると「なんで、あいつばかり好運が続くのか！」と不思議がられるようになるのです。

なんとかその人にあやかろうと、持ちものや習慣や宗教をまねしてみても、なんの効果もありません。

人間としての土台である運力を、時間をかけて地道に強化する以外に、あやかれる道はないのです。

ここで、再度注意を喚起しておきたいのですが、運力の強い人というのは、心の底からそう思って、「好運」というレッテルを貼るわけです。

心の底からそうは思えない運力の弱い人が、表面的な意識のレベルで「ラッキー！」と言って、自らをごまかしてしまうと、2章で述べた「プラス思考の落とし穴」に、はまってしまいます。

運力の法則❸

不運にも落ち込まず、好運にも有頂天にならず、せまりくる運命を淡々と受けとめる人は、運力が強い。

運力は、個人差が大きいが、鍛えれば誰でも強化できる。運力の弱い人が、表面的に強い人のまねをすると、ひどい目にあうこともある。

［4章］

運命の波

運命は、しばしば海の波にたとえられます。

ピーク（頂上）とボトム（底）が交互に到来する様子を、好運と不運になぞらえるのです。塞翁が馬のエピソードも、好運と不運が交互に到来しましたね。

じつは、運命と海の波の類似性は、それ以外にもさまざまな面で見られます。そのひとつが、周期性です。海の波でも運命でも、ピークはほぼ一定の間隔で到来することが多いのです。これについては、9章で詳しく述べます。

もうひとつが、波の物理的なエネルギー構成です。海の波を見ていると、ピークがスーッと動いていきますね。なにが動いているかというと、エネルギーです。水の粒子は一カ所でぐるぐる回っているだけであり、動いてはいきません。

波のピークというのは、地球の重力に逆らって、水の粒子が高い位置に持ち上げられており、位置の（ポテンシャル）エネルギーが最大になっています。

私たちが、ピークが動いていくのを観察しているということは、物理的に言えば、ポテンシャル・エネルギーの移動を見ていることになります。

目で見える波はピーク、つまりポテンシャル・エネルギーだけなのですが、じつは目に見えないもうひとつのエネルギーがあります。

それは、水の粒子の運動エネルギーであり、速度エネルギーとも呼ばれています。速度が速いほど、大きなエネルギーになります。

波のピークに近づくほど、速度エネルギーは小さくなり、最大のピークでは水の粒子は瞬間的に静止します。つまり、波のピークというのは、ポテンシャル・エネルギーが最大で、速度エネルギーはゼロになっています。

ピークを過ぎると、波の高さは低く、つまりポテンシャル・エネルギーが小さくなりますが、そのぶんだけ水の粒子は動いており、速度エネルギーが大きくなります。

そして、波のボトムではポテンシャル・エネルギーがゼロになっている代わりに、速度エネルギーが最大になっています。

つまり、波というのはポテンシャル・エネルギーと速度エネルギーがおたがいにやりとりをすることにより、進行していくのです。その両方のエネルギーを合計すれば、ピークもボトムもなく、どの位置でも同じ大きさのエネルギーを保っています。

私は、運命もまったく同じ構造だと思います。

それは、前章でお話ししたように、好運も不運もなく、宇宙からはつねに一定のエネルギーが到来しているという解釈です。

海の波の場合には、私たちの目には波のピークの移動だけが映ります。それに相当する運命の流れ（エネルギー）を、「外的運命《がいてきうんめい》」と呼ぶことにします。

塞翁が馬のエピソードで言えば、逃げた馬が駿馬を連れて戻ってきたことや、後遺症のために徴兵をまぬがれたことなどです。つまり、誰の目から見ても「ラッキー！」と思えるようなできごとを支えている流れが、「外的運命」です。

もちろん、ボトムでは「外的運命」が低下して、「アンラッキー！」になります。海の波は、ボトムでは前述のように水の粒子がもっとも激しく動いており、速度エネルギーは最大です。しかしながら、それは誰の目にも見えません。

速度エネルギーに相当する、目に見えない運命の流れ（エネルギー）がたしかに存在すると私は考えており、それを「内的運命《ないてきうんめい》」と呼ぶことにします。

塞翁が馬の例で言えば、馬が逃げてしまったときとか、落馬して骨折したときとか、誰の目から見ても「アンラッキー！」と思えるようなできごとの背後で、誰にも知られずに着々と進行している運命の流れのことです。

つまり、本人の知らぬ間《ま》に逃げた馬がどこかで駿馬と仲よくなるとか、戦争が近づいて徴兵の準備が進んでいるとかの進行を言います。

私たちが、目で見えるできごとというのはかぎられており、目に見えないところで、まったく別の運命が流れていると考えるのは、それほど無理ではないでしょう。

海の波とまったく同じように、私たちの運命も、外的運命と内的運命がおたがいにエネルギーをやりとりして、進行していくのだと思われます。だから、運命にも必ずピークとボトムが生じるのです。そのとき、両方のエネルギーの合計はつねに一定になっている、と考えます。

内的運命まで考慮すると、好運も不運もなくなります。ここでひとつ、誤解を解いておかないといけないと思います。

前章では、不運と見えるできごとのなかに好運を見つける力を、運力と呼びました。運力さえ強ければ、不運が次々に好運に転じるので、だから好運も不運もなく、できごとはすべて中立だ、というひとつの解釈を示しました。

そのとき発見する好運が、じつは内的運命なのですが、その話と、外的運命と内的運命を合計するとつねにエネルギーは一定なので好運も不運もないよ、という話は、区別しておいたほうがいいでしょう。

つまり、同じように好運も不運もない、と表現をしているのですが、片方は運力によって不運を好運に転じる話だし、もういっぽうは、内的運命という目に見えないエネルギーまで考慮するとそう解釈できる、という話です。

前者は、運力の強い人だけが好運も不運もなくなるというのに対して、後者は、運力の強い弱いとは無関係な客観的な話であり、目に見えないエネルギーの流れを含めて考えた話です。もちろん、運力の弱い人には内的運命は見えないので、外的運命だけに振り回される人生になります。

よく講演会などで、「いま、自分の運命を変えたいと思っている人?」と聞くと、大勢の人が手を挙げます。自らの運命に不満を持ち、なんとかそれをいい方向に向けたいと思っている人は、ことのほか多いようです。

もちろん、それに対する正解は、運力を強化して不運のなかにも好運を見出していくことです。これは本書のメインテーマなので、このあとの章で運力を強化する具体的な方法論について述べます。

でも、その場合には、外から見た不運はそのままであり、ただ本人の意識レベルが変容して、それを好運に転じていくだけです。

多くの人が望んでいるのは、それとは違いますね。外から見た不運が減り、好運が増加することを希望しています。つまり、外的運命の改善を願っているわけです。

一般に運命と言うと、外的運命だけを指しますから、これは当然です。神社仏閣でお祈りをするときも、護摩《ごま》を焚《た》くときも、厄除《やくよ》けのお守りを買うときも、人々が願っているのは外的運命の改善ですね。

とくにいま、さまざまな不運に遭遇している人は、強烈に外的運命の改善を望むでしょう。運命を波としてとらえると、これはボトムをのがれてピークに行きたい、という願いにほかなりません。

よくよく観察すると、じつに多くの人が、ピークだけの人生を夢見ています。

これは無理な相談です。

時間が止まらないかぎり、ピークだけの波というのは存在できません。ピークとボトムがあり、おたがいにエネルギーを交換することにより、時間とともに運命が進行し、私たちの人生を形作っていくのです。

運力の法則❹

運命は、必ずピークとボトムをともなう。ピークだけの人生はありえない。ピークは、一般的に言う「運のいい状態」であり、その流れを「外的運命」と呼ぶ。

ボトムは、表面的には「運の悪い」状態だが、その背後には、目に見えない好運の流れである「内的運命」のエネルギーが高い。両者のエネルギーを合計すると、つねに一定であり、好運も不運もない。

それとは別に、運力が強くなると、ボトムのなかでも内的運命を見出すことができるようになり、その人にとっては好運も不運もなくなる。

［5章］

不運が不運になるとき

この章のタイトルは、すこしおかしいですね。そのまま読んでも意味不明です。

本書をここまでお読みいただいた読者なら、ある程度の推察ができると思いますが、最初の「不運」と二番目の「不運」は、同じことばですが、まったく意味が違います。

二番目の不運のほうが、一般常識に近いと思います。人生に実際に大きな苦痛をもたらす災厄といった意味であり、場合によっては、再起不能な人生の転落につながります。

最初の不運は、外的運命としての不運であり、運力が強ければ、そのなかに好運を見出していけるし、その背後には内的運命がぜんぜん違う方向に流れています。

つまり、こちらは一見すると不運に見えるのだけど、うまく対処をすれば好運にも転じるし、あるいは苦痛をともなう災厄にならずに、やり過ごすことができるということです。

ことばを換えると、最初の不運は原因を表わし、二番目の不運は対処がまずくて重大化してしまったという結果を表わします。

わざとわかりにくい、ややこしい表現を採用していますが、それは不運ということばが持つ、二重の意味合いに注意してほしかったからです。ごくふつうの表現を用いると、次のようになります。

「運命には波があり、ピークも来ればボトムも来ます。ボトムのときには、一見すると不運に見えるできごとが、次々に押し寄せてきます。そのときに賢く対処できれば、ボトムの時期を無事に乗り切り、次のピークに向かって駆け上がっていけます。ボトムのときの対処を誤ると、下手をすると、奈落の底に転落してしまいますよ」

一般論ではわかりにくいと思いますので、「不運が不運になってしまった」という例をお話ししましょう。

これは、一時期はかなり親しかった私の知人の身に、実際に起こったストーリーです。

彼は、超一流大学を優秀な成績で卒業しており、よく知られたいくつかの一流企業の要職を歴任し、立派な業績を残したあと、若くして東証一部上場企業の社長に就任しました。

つまり、エリート中のエリートであり、人もうらやむキャリア・パスを歩んでいたのです。その後、連絡は途絶えていたのですが、独立して自分の会社を興《おこ》し、順調に業績を伸ばしている、と風の便りに聞いていました。

ところが、ある日朝刊を見て、私は飛び上がらんばかりに驚きました。五段抜きの大きな記事が出ており、彼が詐欺《さぎ》罪で逮捕されたというのです。

どうやら会社が傾いて資金繰りに困り、虚偽の目論見書《もくろみしょ》を作って、大手企業から大量の資金を集めてしまったらしいのです。

詐欺にしても、それだけの資金を集めたということは、その時点ではまだ、信用度はちゃんと保っていた証拠です。

おそらくは、集めた資金を持って逃げてしまおうと思ったのではなく、それで会社の業績を立て直し、利益を上げて返済することを夢見たのでしょう。

本人は、もしかしたらバレたことを不運と思ったかもしれませんが、詐欺を企画した時点で、二番目の意味での不運に突入してしまったのです。

そして、会社が傾いて資金繰りに困ったときが、最初の意味での原因としての不運に相当します。

運命に「もし」は禁物ですが、彼が良寛の言うように「災難にあう時節には、災難にあうがよく候」と思って、会社を倒産させていたら、不運は不運にならなかったはずです。

もちろん、倒産すると多くの人に迷惑をかけ、たいへんな目にあいますが、その不運に誠実に対処すれば、また起業の機会がめぐってきます。

アメリカの友人で、何回か倒産したにもかかわらず、それにめげずにまた元気に起業して、成功した人を何人も知っています。

一度詐欺罪で刑務所に入ってしまうと、もう経営者としての道は閉ざされてしまうでしょう。つまり彼は、すくなくとも経営者としては、再起不能の転落をしたことになります。

もちろん彼の場合には、才能は豊かであり、企業経営以外にいくらでも人生が開ける可能性があり、うまく乗り切ってほしいと願っています。

1章で述べたように、最初の意味での不運に遭遇したとき、それに直面することができず、ジタバタと悪あがきをするものだから、二番目の意味での不運に突入してしまうのです。

つまり、精神的な成長が十分でないと、不運を否定しようとする自らの心の動きが、本当に不運を呼んでしまいます。

1章で述べた、良寛のことばのちょうど裏返しになります。

——災難にあう時節に、それからのがれようと悪あがきをすると、災難が本当の災難になり候《そうろう》——

このエピソードは、精神的な成長というのは、学歴にも、実務的な成功にも、無関係だということを教えてくれます。

いくら勉強しても、いくら実務で努力しても、いくら地位や名誉を獲得していても、本書で言う運力はさっぱり強化できていないことがあります。

つまり、社会的成功と運力は、ほぼ無関係と言えます。

運力の強い人なら、会社が傾いて資金繰りに困ったとき、その不運に直面して、そのなかに好運を見出していくでしょう。それにより倒産をまぬがれるかもしれないし、あるいは倒産しても、そのなかに大きな人生の学びを獲得していきます。

ここで、もう一度同じ注意をします。「不運のなかに好運を見出す」とか、「不運を従容と受け入れる」とか、そのまま実行しようとすると、「プラス思考の落とし穴」（2章）にはまって、それこそ不運を不運にしてしまいます。

つまり、運力の弱い人が、強い人を表面的にまねると大ケガをしてしまうのです。それは、『いかに泳ぐか』という本を読んで、ろくろく実技を練習しないまま、いきなり深い海に飛び込むのに似ています（2章）。

人間という生きものは、意識レベルの表面的な考えで、自らをコントロールすることは、ほとんど不可能なのです。

したがって、運力の弱い人は、表面的に強い人のまねをするのではなく、自ら地道にトレーニングするよりほかに道はありません。

しかしながら、それは効果が出るまでに何年もかかってしまいます（3章）。そのあいだにも運命のボトムは到来し、原因としての不運が次々に襲ってきます。

そのとき、いったいどうすればいいのでしょうか？

もっとも避けたいのが、「プラス思考の落とし穴」のように、意識レベルと無意識レベルの食い違いが大きくなることです。

無理をして格好をつけたり、装ったりすると、そのギャップが大きくなり、落とし穴にはまるなどのトラブルの原因になります。むしろ、恐いとか苦しいとかいう情動を抑圧しないで、表明したほうがいいでしょう。

結論としては、覚悟を決めて、思いきりジタバタする以外に道はありません。逆に言うと、意識してジタバタすれば、それは運力の強化につながります。

運力の法則❺

社会的成功は、運力の強化にはつながらない。

運力の弱い人が不運に遭遇したときには、それを好運に転ずる運力の強い人のまねをしようとしないで、むしろ覚悟を決めて不運に直面し、意識して、思いきりジタバタしたほうが、運力の強化につながる。

［6章］

「死」と直面する

会社の経営者にとっては、倒産の二文字は禁句ですね。強い恐怖心を抱いているのがふつうです。

本来は、その恐怖心はきわめて健全です。もし、それが弱いと、どうしても経営が甘くなり、無謀な挑戦をしかけたり、無駄な投資に無神経になってしまうでしょう。恐怖心のおかげで、つねに緊張感を保ち、すみずみまで目を配り、たえず必要な手を打つことができます。ところが、ときには恐怖心が健全の範囲を超えて、モンスター化してしまうこともあります。

5章の例で述べたように、倒産という運命の流れを否定して、悪あがきをしてしまうというのは、モンスターに呑《の》み込まれてしまったことに相当します。そうすると、道を踏みはずして、不運が本当の不運になってしまいます。

経営者だったら誰でも心の底に抱いている、この恐怖心の正体は、いったいなんなのでしょうか。そして、どうしてそれがモンスター化してしまうのでしょうか。

心理学では、倒産の恐怖のルーツは、自らの肉体の死の恐怖だと説いています。もちろん、倒産したって死ぬわけではないことは、本人は重々承知しています。

なぜそこに、死の影が忍び寄ってくるかというと、本人は「経営者としての自分」が自分自身そのものだと、心の底で思い込んでしまっているからです。

本来なら、経営者というのは、その人の本質ではなく、たんなる役割ですね。その人は、そのほかにも、多くの役割を演じているはずです。

家に帰れば、父親とか夫とかいう役割もあるし、コーラス・グループでは、テナーのパートリーダーという役割を演じているかもしれません。

ところが、社会の評価も自らの評価も、職業の比重があまりにも高いため、経営者という役割を自分自身そのものと同一化してしまっているのです。

倒産というのは、企業が生命を失うわけですから、経営者という役割にとっても死を意味しており、同一化していれば肉体的な死と、ほとんど同じにとらえられてしまいます。

ふつうのことばで言うと、経営者としての自分の全存在を否定されたと感じてしまう、ということです。

心理学の表現では、「倒産に自らの死の恐怖を投影する」と言います。

死の恐怖そのものは、本来はきわめて健全なはずです。またそれは、自己保存本能そのものですから、誰ものがれることはできません。

死の恐怖があるからこそ、人は危険を避け、身体を損ねないように細心の注意をして、上手に生き長らえることができるのです。その点でも、倒産の恐怖と同じです。

じつは、近代文明人のほとんどは、死の恐怖が肥大しており、健全の範囲を超えてモンスター化しています。

周囲の人が全員そうなので、誰も健全ではないことに気づきませんが、伝統的な生きかたを守っている先住民と比較するとあきらかであり、トランスパーソナル心理学や哲学の一部では、それを指摘しています。

なぜ、モンスター化してしまったかというと、死は悲しい別離であり、忌《い》むべきこと見なしているからです。だから、顔をそむけて、あたかも死は存在しないかのように装って生きています。

つまり、本来は誰にも訪れる死を、否定しているのです。

いかなる衝動も、否定して無意識レベルに抑圧して、表面的にはそれがないようにふるまうと、肥大してモンスター化して、その人により強い影響を与えます。死から顔をそむけて、あたかも存在しないかのように生きていると、モンスター化した死の恐怖に支配された人生になってしまうのです。

1章では、実存的変容という用語を使いました。人間の精神的成長にとって、とても大切なステップのひとつです。

もちろん、実存的変容によって、人間の外見が変わるということはありませんが、精神的にはまるで、さなぎが蝶になるような大きな変容を意味します。

その人は、それまでずーっと、自分自身がさなぎだと思って生きてきたわけであり、蝶になるためには、いったんさなぎは崩壊しなければなりません。

本人にとっては、それはさなぎの死を意味しており、死の恐怖を呼び起こしてしまいます。つまり、実存的変容が目の前にせまってくると、誰もが恐怖のあまり急ブレーキをかけてしまうのです。

したがって、死から顔をそむけて否定している近代文明人は、なかなか実存的変容がまっとうできません。そのぶんだけ、中途半端な人生になっている傾向がありま す。

古今東西、多くの賢人たちがこのことを指摘しており、死と直面する大切さを説いています。西欧では、それを「メメントモリ（死を想《おも》え）」と言います。ところが、必死に表面的繁栄のみを追い求めている近代文明人には、なかなか賢人たちの声が届かないようですね。

1章では、病気は実存的変容のチャンスですよ、と述べました。

それはなぜかというと、重病を患《わずら》うと、もはや死から顔をそむけていることができず、いやがおうでも直面せざるを得なくなるからです。

死の恐怖

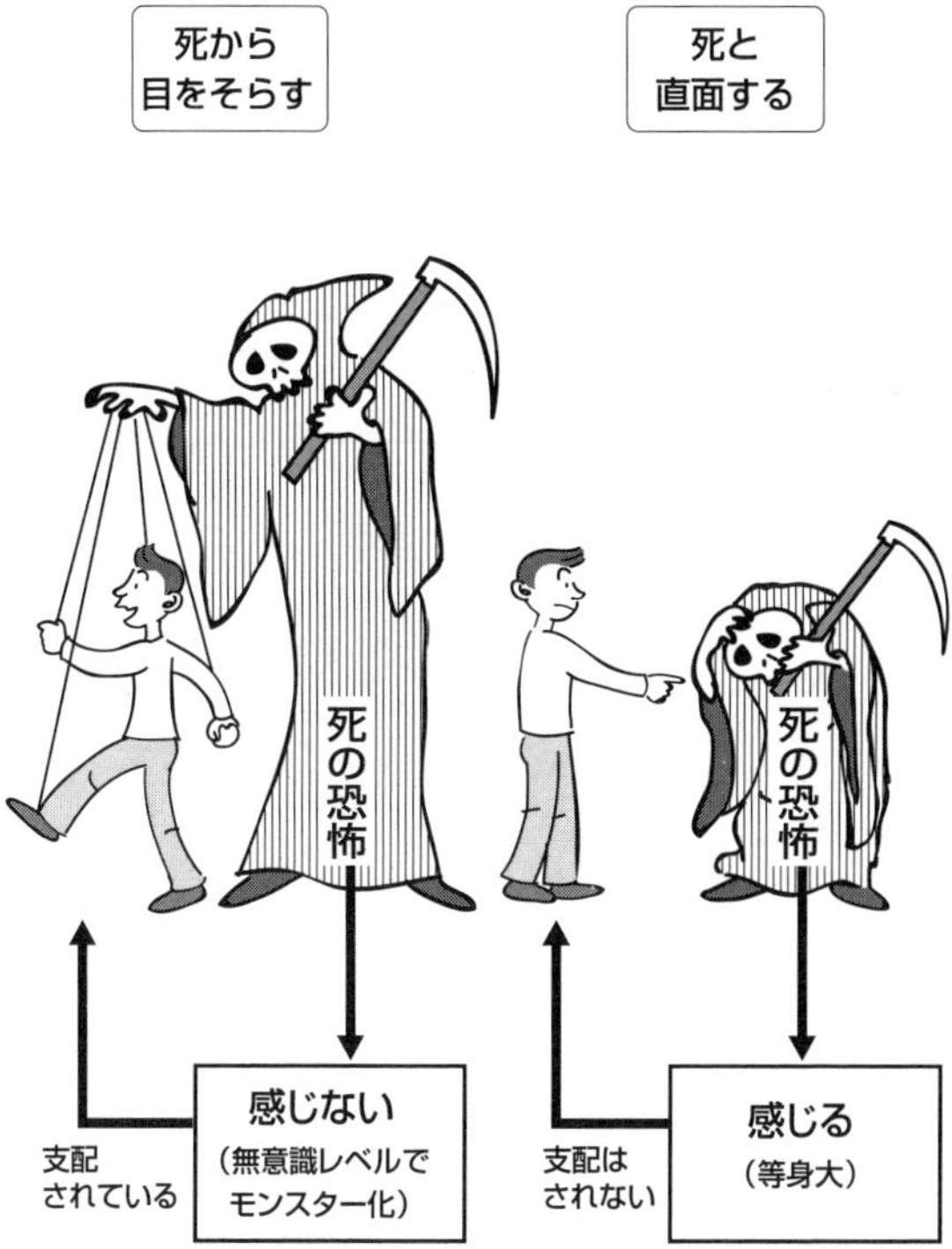
死から
目をそらす
死と
直面する
死の恐怖
死の恐怖
感じない
（無意識レベルで
モンスター化）
支配
されている
感じる
（等身大）
支配は
されない

その人にとってみれば、いままではまったくなかった死の恐怖が、突然現われたように感じるでしょう。ところが、実際には無意識に抑圧されてモンスター化していた死の恐怖が、表に出てきて、実体の大きさに縮小したのです。

もちろん、それでも死の恐怖はとても強い衝動なのですが、「恐い！」とちゃんと意識できれば、もはやモンスターに支配されることはなくなり、実存的変容に踏み切れる可能性が高まります。

これは、深層心理学的な表現ですが、ふつうの言いかたをすれば、どうせいつかは死ぬんだと観念したことによって生きかたが変わった、ということです。

「死と直面する」ということが、いかにすごいことなのか、おわかりいただけたでしょうか。

1章では、病気にかぎらず、事故、倒産、リストラ、左遷、失恋、離婚、裏切りなどのさまざまな災難が実存的変容につながる可能性がある、と述べました。

それは、本章の冒頭で倒産について説明したように、これらのすべての災難が、それまで自分そのものだと信じていた役割が否定されるため、疑似的な死を意味しており、死と直面することに相当しているからです。
ここでもう一度、良寛のことばを味わってみましょう。

――災難にあう時節には、災難にあうがよく候。死ぬ時節には、死ぬがよく候。これはこれ災難をのがるる妙法にて候（良寛）――

二番目の「死ぬ時節には、死ぬがよく候」というのは、私は「死と直面する」ことの大切さを説いていると解釈しています。それが、災難をのがれる妙法だというのは、運力の強化につながる、ということです。

運力の法則❻
死と直面することができると、運力の強化につながる。

［7章］

マハーサマディ（死にかた）研究会

いま私は、主として医療改革や教育改革に取り組んでいますが（1章）、その活動母体となっている団体について、お話しします。

活動内容が変わってきたため、二〇〇四年に改称して「ホロトロピック・ネットワーク」になりましたが、それ以前は「マハーサマディ研究会」という名前でした。

「マハーサマディ」というのは、「意識して瞑想《めいそう》して死ぬ」ことを言います。そのテクニックを探し出してみんなで身につけましょう、というのが趣旨です。

いわば「死にかた研究会」です。

半分はジョーク、軽いのりだったのですが、意識して瞑想に入って死ぬというのは、一種の自殺なので、みんながそのテクニックを身につけてバタバタ死んだら、大問題になります。

それよりも、誰もが忌《い》み嫌っている「死」を扱うので、そんな不吉な会には誰も入会しないよ、といろいろな方から言われました。

ところが、一九九七年に旗揚げしてみたら、たちまち八〇〇人くらいの会員が集まり、それ以来、熱心に活動を続けています。

ことの発端は、拙著『未来を開く「あの世」の科学』（祥伝社）に掲載された、松《まつ》原泰道《ばらたいどう》師（臨済宗《りんざいしゅう》僧侶、一九〇七―二〇〇九年）との対談でした。

この本は、オウム真理教事件の直後に刊行されたこともあって、宗教的な修行を続けることにより、ときに人がおかしくなってしまうという問題を取り上げました。

オウムの事件は、人々に衝撃を与えましたが、一九六〇～七〇年代のアメリカのカウンター・カルチャーの時代には、似たような事件が山ほど発生しており、これは、私には普遍的な問題に見えました。

じつは、仏教ではその問題はよく知られており、それを防ぐためにさまざまな戒律が設けられているのです。

松原泰道師との対談は、その問題に関して教えを乞《こ》うために企画されたのですが、同時に死の問題を取り上げました。

じつは私事になりますが、私の父は、最後の入院の前に、葬式で使う写真を自分で選び、家族や見舞客にお礼を言って、じつにみごとに死のプロセスを演出していました。

ところが、容態が悪くなって集中治療室に入れられて管《くだ》だらけになり、モルヒネで意識を混濁《こんだく》させられ、両手を縛《しば》られて、誰もいないときに亡くなってしまいました。

「もうすこし、まともな死にかたはできないものですかねェ」

と言う私の問いかけに、松原泰道師は、仏教の僧侶のなかには坐禅中に亡くなった「坐亡《ざぼう》」や、わざわざ旅立ちの装束を整えて最後の説法をして立ったまま亡くなった「立亡《りゅうぼう》」の例があることを教えてくれました。

それを聞いて私は、昔読んだ本で、アメリカで布教していたパラマハンサ・ヨガナンダというヒンズー教の僧侶が、ロサンジェルスのホテルでパーティーを開き、「いまから死にます」と挨拶《あいさつ》して、そのまま瞑想して亡くなった、というのを思い出しました。

それを表わす「マハーサマディ（偉大なる瞑想）」という単語も、記憶に残っていました。

私たちのほとんどは、私の父のように、病院で管だらけになって、のたうちまわって死んでいきます。

それに比べたら、意識して尊厳を保って、自ら瞑想して至福のうちに死んでいくというのは、はるかに優雅です。

その方法論をひとりで探求するのは大変なので、会を作ってみんなで探したら見つかるんじゃないか、というきわめて安易な考えで人を集めてしまいました。

ところが、入会してくる人たちは、私がマハーサマディの方法を教えている、と誤解している人が多くいました。「天外さん、いつ見せてくれるんですか」と、私が死ぬのを楽しみに待っている様子なのです。

じつは、会の設立趣意書を作るときに、「病院に代わる新しい施設の概念を創造する」というのを入れました。

たんに病気を治療するための病院ではなく、受胎から死までケアしてくれ、なるべく病気にならないように指導する施設を「ホロトロピック・センター」と命名しました。

もちろんそこでは、マハーサマディの手法を教えており、望めば尊厳をもって瞑想して死んでいける、という趣旨です。

活動の展開のなかで、多くの医療者のご賛同をいただき、その方向を目指す医療機関が増えてきました。それが、二〇〇四年に会の名称を変更した理由です。

もちろん、マハーサマディを探求する、という主旨はひっこめたわけではなく、いまでも月に一度発行されるニュースレターに、その名前は残っています。

ただ、一二年も経《た》ちますと、その意味づけがすこしずつ変化してきました。

当初は、文字どおりマハーサマディの技法を真剣に探しておりました。仏教では、それぞれの僧侶が、自ら技法を探求して実行してきたようです。したがって、とくに技法の伝承はありません。

ヒンズー教は、アシュラム（僧院）の責任者になると、いまでも、ほとんどマハーサマディで亡くなります。

ところが、どうやらそれは後継者の直弟子だけに伝承されるらしく、ほかの僧侶はごくふつうの亡くなりかたをします。つまり、われわれ外部の人間が技法を教わることは、不可能なようです。

そんなこんなで、技法としてのマハーサマディの探求は、手詰まり感が強くなっていきました。ところが、しだいに技法の探求よりも、もっと重要なことに次々に気づいていきました。

まずは、マハーサマディで死にたい、とほのかに思うだけで、けっこう死に直面できることがわかりました。6章で述べた「メメントモリ（死を想え）」を、なんの無理することもなく、ごく自然に実行できるのです。

そうすると、古今東西の賢人たちが説いてきたとおり、生きている、いまの一分一秒が輝いてくるのです。

なんのことはない、「死にかた研究会」の実体は「生きかた研究会」だった、ということになります。

そのうちに、実存的変容を妨《さまた》げているのが死の恐怖であり、直面することにより、それを乗り越える可能性が高まることを知りました。

その延長線上に、病気になると、死と直面するので実存的変容を起こしやすくなる、という気づきがありました。そうすると、ホロトロピック・センターの役割や、医療者の新たな役割（1章）が明確になり、医療改革運動に、はずみがつきました。

本書では、さらに運力との関係を論じることができました。

運力の法則❼

「どうせ死ぬのなら、すこしはましな死にかたをしたい」と、ほのかに思うだけでも、死と直面しており、長い年月のあいだには運力が向上する。

［8章］

運命のエネルギー

風がなければ、海はほとんど平らですし、台風のときには波高が5mを超えることも珍しくありません。波高が高ければ、当然のことながら、その波が運んでいくエネルギーも大きくなります。

「海が干上《ひあ》がったら、高台に逃げろ」と、よく言いますね。その後、大きな津波が来るのです。津波が、波のピークであり、干上がったのはボトムが到来したからです。つまり、巨大なピークは、ふつうの波ではあり得ない、沖合いまでずーっと干上がってしまうような、巨大なボトムをともなっているのです。

これはごくあたりまえの話ですが、波のエネルギーが大きくなると、ピークが高くなると同時に、ボトムも深くなります。

運命も同じです。

成功を目指して、必死に努力して高いピークに到達すると、それからしばらくすると、とても深いボトムに襲われます。

いま世の中では、「いかに成功するか」ばかりが語られています。

鉄鋼王・カーネギーの提唱した方法論をはじめとして、さまざまな成功哲学が巷《ちまた》にあふれ、多くの人が血まなこになって成功を追い求めています。

しかしながら、ボトムのことを教えてくれる人は誰もいません。なまじっか、成功体験をしていると、やることなすこと、うまくいかなくなるボトムに耐えられなくなる人が、かなりいます。

5章で述べた私の知人の場合にも、若くして東証一部上場企業の社長になった時点では、人もうらやむ大成功であり、とんでもなく高いピークに到達したことになります。起業して、資金繰りが悪くなり、倒産しそうになってしまったのがボトムです。

5章で述べたとおり、そこであっさり倒産していれば、不運が不運になって転落することは避けられたと思います。

でもおそらく、本人は倒産という事実を受け入れることができなかったのでしょう。

その前に、なまじっかピークを経験しているだけに、自分は優秀な経営者だと思い込みたいし、周囲のその評判を崩したくない、という意識が強かったと思います。

だから、せまりくる倒産という不運を否定し、目をそむけ、詐欺を働いてでもボトムからのがれようとしたのでしょう。

彼の場合には、その前の成功体験が、不自然なプライドを生み、ボトムをしっかりとしのぐことを妨げた、とも言えます。

ここで、「運命のエネルギー」ということばを定義したいと思います。波のエネルギーからの類推です。

運命のエネルギーが大きいということは、波のピークが高く、同時にボトムも深い状態を表わしています。本書で言う外的運命のピークの高さは、社会的成功に対応しています。

波のボトムというのは、どうしようもない逆境を表わします。ボトムが深いということは、表面的には、耐えようもない不運に次々に襲われることを意味します。

じつは、そのときは、とても大きな内的運命のエネルギーが来ているのですが、それは誰の目にも見えません。

内的運命というのは、私がはじめて提唱している概念であり、世の中では知られていません。目には見えない運命の流れなので、知りようがないのです。

したがって、世の中の人々はほぼ100％、外的運命だけに着目して、人生を過ごしていきます。成功のためのさまざまな方法論は、いかにピークを高くするか、ということです。

それは、運命のエネルギーを大きくするための方法論と言ってもいいでしょう。ピークだけに着目していると、深いボトムの到来にあわてふためき、否定しようとしてしまいがちです。

あらかじめ、深いボトムの到来を予想して覚悟をしていれば、あわてふためく度合いがすくなく、転落の可能性が小さくなります。

世の中では、ピークを高くするための方法論ばかり説かれていますが、運命のエネルギーを大きくするためには、ボトムを深くしてもいいわけです。

それは、わざわざ不運を招くことに相当するので、一般には好まれないかもしれませんが、ピークを高くするのと同じ効果があるはずです。

波からの類推ですが、ピークを高くするということは、重力に逆らって水の粒子を高い位置に運ばなければならず、けっこうたいへんです。

水の粒子は、ほうっておけばどんどん下に落ちていく性質があるので、ピークを高くするよりも、ボトムを深くするほうが楽なはずです。

通常の風波に比べると、はるかに大きなエネルギーを運んでくる津波の場合には、断層のズレなどにより、まずボトムが形成され、それからピークができることが多いようです。

だから、前に述べたように、まずは海が干上がって、それから大津波が襲ってくるのです。

運命でも同じではないでしょうか。

「成功しよう、成功しよう」という方法論より、「なるべく大きな災難を引き寄せよう」という方法論のほうが、簡単に運命のエネルギーを大きくできるはずです。

でも、誰にとってもボトムはいやなことであり、なんとか災難や不運からのがれよう必死にもがいているのに、わざわざそれを引き寄せる方法論が、人々に支持されるとはとうてい思えませんでした。

ところが、やはり世の中は広いもので、それをちゃんと提唱・指導している人がおり、多くの人に支持されていることがわかりました。

藤谷康允《ふじたにやすみつ》さんが指導しておられる、「引き受け気功」がそれです。調身・調心・調水・調食といった一般的な内容も指導しておられますが、最大の特徴は気功中の「念《ねん》」のありかたです。

それは、「私の心身の病気を引き受けます」からはじまり、「誰々さんの心身の病気を引き受けます」など、他人の災難も引き受け、あげくのはてに「世界中の災厄を引き受けます」と念じるのです。

つまり、自らのボトムが最大限に深くなるように祈るのです。

これは、1章で述べた「災難と直面する」というのと同じですが、世界中の災厄が自分に降りかかってくることまで祈るのですから、それ以上かもしれませんね。藤谷さんは、そういう祈りが効果があることを、おそらく偶然に発見したのでしょう。

でも、ここで述べたような運命のエネルギーという概念を仮定すると、それがなぜ有効なのか説明できると思います。

本書のメインテーマは運力です。1章では、一般にそのことばは「好運を呼ぶ力」という意味で使われていると述べました。

つまり、世の中で運力と言うと、運命のピークを高くする力、つまり本書の表現では、運命のエネルギーを大きくする力ということになります。

いっぽう、本書で言う運力とは、私の勝手な定義なのですが、不運のなかから好運をつかみ取る力ですし、不運にも落ち込まず、好運にも有頂天にならず、せまりくる運命を淡々と受けとめる力でもあり、また深いボトムでも転落せずに大過なくやり過ごすことができる力です。

つまりそれは、運命のピークを高くし、ボトムを深くするという運命のエネルギーとは、まったく異なる概念なのです。

運力の法則❽

運命のエネルギーが増強すると、運命のピークが高くなると同時に、ボトムも深くなる。運命のエネルギーの強化法としては、ピークを高くする方法論のほかに、ボトムを深くすることも有効。

運命のエネルギーと運力はまったく違う概念であり、おたがいに関連はない。

［9章］

運命の周期性

潮の満《み》ち干《ひ》が、日にほぼ二回繰り返されることは、よく知られていますね。
また、満月や新月になると干満の差が大きくなり、大潮《おおしお》と呼ばれていることもご存知と思います。

これは、潮の干満が主として月や太陽の引力で引き起こされており、満月や新月のように、地球との位置関係が一直線（同じか逆方向）になると、それが相乗効果を及ぼすので、大潮になるのです。

実際には、月の公転により地球との距離が刻々と変わり、さらには地球の公転により太陽との距離が年周期で変わるので、その影響もあります。

正確な潮汐《ちょうせき》予報は、そのほかに水星、金星、火星、木星などの引力の影響が計算されています。

つまり、一見単純に見える潮の満ち干は、地球の自転・公転周期、月、水星、金星、火星、木星などの公転周期などの、さまざまな周期性が、じつに複雑にからみあって、干満差を決めています。

運命も同じだと思います。

ピークの高さや、ボトムの深さは、きわめて多くの周期の影響を受けています。そのなかで、もっとも顕著なのが、干支《えと》で象徴される一二年の周期です。

私がそれに気づいたのは、算命学という中国の占星術《せんせいじゅつ》が、正しいかどうかを検証するために、自分史を詳細に分析していたときです。

正直言って驚きました。

あまりにも正確に、一二年の周期が示されたからです。

私の場合、とてもわかりやすいのは、学生時代にのめり込んでいたグライダーでの大記録にはじまり、CD（コンパクト・ディスク）、NEWS（ワークステーション）、AIBO（犬型ロボット）などの開発が、それぞれ、きわだって目立っていたことです。後半の三つのできごとは、マスコミでも大きく取り上げられました。

つまり、外的運命のピークである社会的成功が、きれいに一二年周期になっていたのです。

私自身は、ずーっと科学技術の世界でメシを食ってきた人間であり、占星術にはなんの興味もなかったのですが、この事実を突きつけられて、算命学に脱帽せざるをえませんでした。

算命学にかぎらず、四柱推命《しちゅうすいめい》などの中国の古典的な運命論は、すべて一二年周期説をとっており、そこから干支という考えかたが出てきたようです。

どうやら、近代科学では説明できない宇宙の神秘があり、中国の古代の人たちはそれに気づいていた、ということでしょうか。

西洋占星術や、インドの占星術では、生まれた日の星座と、すべての惑星の位置関係をホロスコープ（十二宮図）の上で分析します。

じつは、そのなかにも運命の一二年周期は、ちゃんと組み込まれています。

それは、太陽系で最大の惑星である木星の公転周期が、約一二年（十一年一〇ヵ月と一〇日）だからです。

木星は、発展・拡大・増加・豊富・成功などの象徴と言われています。つまり、外的運命としてもっともわかりやすい社会的成功が、一二年の周期でめぐってくるという説なのです。

どうやら、世界中の占星術や運命論が、一二年周期説をサポートしているようです。そうだとすると、古くから私たちが使っている干支というのは、とても便利な道具だと言えます。その年の動物が、その人の運命の季節を教えてくれるからです。

本書の表現を用いると、夏には外的運命が、冬には内的運命が優勢になります。春と秋はそれぞれ、その中間の過渡期になります。

本物の季節なら、とくに意識はしなくても、気温に応じて衣服を選びます。運命の季節は、簡単にはわかりません。自らの運命の周期を知り、季節が判別できれば厚着をすればいいのか、薄着をすべきか判断できます。

それはまた、自らの運命を客観的に眺める習慣が身につき、不運にも落ち込まず、好運にも有頂天にならずという、姿勢につながります。つまり、運力の強化にも役立つのです。

したがって、自分史を詳細に検討することをおすすめします。

以前、私が主宰する「天外塾《てんげじゅく》」という経営塾で、四十数名の塾生全員に自分史の点検をお願いしたことがあります。私と同じ、一二年周期を発見した方が一〇名以上いらっしゃいました。一〇年周期が二、三名、残りはとくに顕著な周期性はない、とのことでした。

塾生は全員経営者であり、運命のエネルギーは強いほうだと思います。したがって平穏無事で、ピークもボトムもよくわからない、という方は少数でしょう。

周期性が発見できなかった方は、ピークはあるんだけど、周期と無関係にランダムに発生している、という感じでした。

したがって、一二年周期という傾向はたしかに強いのだけど、誰もがそれにあてはまるとして、押しつけないほうがいいかもしれません。周期が違う人もいれば、周期が見えない人もいるのです。

そういうことも含めて、自分史から、自らの運命の傾向を読み取ればまちがいないでしょう。

西洋占星術的に考えれば、木星だけでなく、すべての惑星の公転が周期性の源《みなもと》になります。水星の二ヵ月と二六日、金星の七ヵ月と十一日、火星の一年十一ヵ月と二〇日、土星の二九年六ヵ月などです。

木星が五周して、土星が二周すると、また同じ配置に戻りますが、それが東洋で言う還暦の六〇年にほぼなりますね。

潮汐にも影響を与えているくらいですから、これらの惑星の運行が、外的運命に影響を及ぼしているというのも、ひとつのロマンとして楽しめます。

しかしながら、私自身は一二年以外の周期性は確認できていません。算命学や西洋占星術を鵜呑《うの》みにするより、自分史を分析し、その語るところによく耳を傾けたほうがよさそうです。

私の場合には、四回の外的運命のピークが、ものの見ごとに一二年周期で並んでいますが、その六年後には、必ずボトムを経験しています。

最後のボトムは、四二年間勤務したソニーからの退社であり、企業人生活からの卒業だったのですが、あらかじめボトムの到来がわかっていたので、きわめてスムーズに対応できました。

算命学の妥当性を検証するために自分史を分析し、一二年周期を発見したことが、結局は、私自身の運力の強化に役立った感じがします。

運力の法則❾

自分史を詳細に分析し、外的運命の周期性が発見できれば、運命の季節を知ることができ、運力の向上につながる。

[10章]

不運が好運になるとき

ものごとがうまくいったとき、一本調子で坂を上がっていけることは、めったにありません。多くの場合、どうしようもない谷底を経験して、苦しんで、苦しんで、それでもドン底からはい上がってきた人が、栄光を勝ち取ります。

なかには、それを何度も繰り返す人もいます。そうすると、「逆境に強い」、「転《ころ》んでもただでは起きない」「屈辱をバネに飛躍した」などと言われます。

すでに何度も述べてきたように、そういう人は、基本的に運力が強いのです。しかしながら、それだけではなく同時に運命のエネルギーも増強するように動いているのです。

一般に世の中では、「運力」は好運を呼ぶという意味で使われており、「運命のエネルギー」と区別していないのは、運力のある人が、波のピークを高くするように動くことが多いからです。

でも、両者が違うのは、たとえば3章で述べた中国の故事「塞翁が馬」などのエピソードであきらかです。

前述のように、塞翁は基本的に運力が強いのです。不運にも動じることはなく、淡々と受け入れます。

だから彼は、不運に遭遇してもジタバタしないので、不運が不運になる（5章）、ということはなく、上手にやり過ごして次のピークに向かうことができます。

しかしながら、運命のエネルギーを増強するような動きは、いっさいしていないですね。ひたすら、待ちの姿勢なわけです。

もちろんそれでも、運命の波は進行していきますから、じっと待っていれば次のピークは必ず来ます。

これはこれで、ひとつのとても賢《かしこ》い生きかたであり、おすすめできます。つまり、運力だけ強化して、運命のエネルギーはあまり増強しない生きかたですね。さしたる社会的成功は達成しないけど、ボトムを上手にやり過ごし、人に知られることもなく、ひっそりと平穏無事におだやかな人生を乗り切っていくわけです。

最近は、スローライフが流行《はや》っており、こちらの方向を目指す若者が増えているような気がします。

それでも運力は強化しないと、そういう人生は送れないことは注意してください。

こちらは、「塞翁が馬」的な人生と呼ぶことにします。

いっぽう、「屈辱をバネに飛躍した」というのは、それとはぜんぜん違うスタイルの人生です。なにが違うかというと、ボトムをたんにやり過ごすのではなく、そこで必死に努力をする人生です。

ボトムで努力をすれば、次のピークが高くなります。つまり、社会的な成功へとつながっていくのです。こちらのスタイルを、「屈辱バネ」型の人生と呼びましょう。

いままでの社会は、全員にこちらのスタイルを強制する傾向がありました。だから誰に対しても「がんばれ！」「努力しろ！」というメッセージを発信してきました。

それは、社会的成功のみに価値を置く社会だったからです。

だから、がんばれない人、努力できない人、社会的成功をしない人には「だめな人」というレッテルを貼る傾向がありました。

でも、社会的な成功をおさめる人は、一〇〇人にひとりぐらいのものでしょう。残りの九九人は、「だめな人」というレッテルを貼られて、肩身の狭い思いをしています。

スローライフ、つまり「塞翁が馬」的な人生を選んだ人に対して、覇気がない、との批判も聞こえてきます。

なぜそうなっているかというと、いまの社会の指導層は、例外なく成功した人たちで占められているからです。つまり、運命のエネルギーの大きい人たちが、大きな声で発言しています。

問題は、彼らのなかには、必ずしも運力が強くないにもかかわらず成功してしまった人もいるということです。

そういう人は、自分のスタイルのみが人間が生きる道だと錯覚して、「俺はこんなに努力して成功を勝ち取ってきた。おまえたちもがんばらないと、人生の負け犬になるぞ！」という主旨の発言をします。

つまり、自分とは違う「塞翁が馬」的な生きかたは理解を超えており、受容もできないのでしょう。

私は、社会的成功よりも、運力の強化のほうが大切だと思っています。

それは、運力の強化というのは、人間としての成長をともなっており、仏教やヒンズー教が説く悟りへの道と同じ方向に向かっているからです。すこしでもそちらの方向に行けば、本人も楽になるだろうし、周囲の人たちも楽になります。

いっぽう、社会的成功、つまり運命のエネルギーの増強は、宗教的な意味における人間的成長とはまったく関係ありません。

ときには、成功したがために、かえって富や名誉や地位に対するこだわりが強くなり、歪《ゆが》んだプライドが高くなってしまうこともあります（5章）。

それは、人間的成長という意味では逆方向です。

いま世を挙げて、人々は成功を追い求めていますが、本当は注意が必要です。

仏教やヒンズー教などの宗教では、金銭欲や名誉欲などは煩悩《ぼんのう》と呼び、苦しみの源泉だとして戒《いまし》めています。つまり、純粋に教義に従えば、社会的成功を追い求めることは、人間としての悟りへ向かう道からはずれていることになります。

私たち多くの凡夫《ぼんぷ》は、ささやかな成功を追い求めて、人生を生きていますね。

ところが、宗教に忠実に従うと、そういう生きかたは推奨されません。

煩悩を滅却しろと言われて、理性でそうしようとしても、誰もできないでしょう。おまけに、そう説いている宗教者自身が、裏ではすさまじい勢いでこっそり煩悩を追求していたりします。宗門内部の勢力争いは、産業界よりひどいかもしれません。あるいは、教義に忠実であろうとして、必死に努力して煩悩を抑えている宗教家もいますが、なにか無理している感じがして苦しそうです。要するに、自然体ではなくなってしまうのです。

人間は肉体を持っているかぎり、なかなか煩悩を滅却できるものではありません。たしかに、社会的な成功というのは、悟りに向かうためには余分なことですから、そんな寄り道をしないほうが早く行けるでしょう。だから、宗教の説くことは正しいのです。でも、それは出家して聖人を目指す人にあてはまることであり、凡夫に説いてもしかたがないでしょう。

世の中は、圧倒的に凡夫の数が多いわけであり、無理して聖人のふりをすると、ロクなことはありません。凡夫はそれなりに、ささやかな成功を追い求めることが自然体なのです。

それは、たしかに遠回りであり、悟りへの最短距離ではないかもしれませんが、すこし注意すれば、道からはずれずに歩いていけます。

本書の読者は、凡夫ばかりだと思いますので、ささやかな成功へのお手伝いと、道を踏みはずさないための注意を書いていきます。

運力の法則⑩

運力が強化され、ボトムを淡々とやり過ごすと、いずれ、ピークが到来する。そういう生きかたを、「塞翁が馬」的な人生と呼ぶ。さしたる社会的成功は達成しないが、平穏無事な人生となる。

いっぽう、ボトムで必死に努力をすると、ピークが高くなり、社会的成功につながる。そういうスタイルを「屈辱バネ」型の人生と呼ぶ。社会的成功は、ときに人間としての道を踏みはずすこともあるので要注意。

［11章］

ボトムの過ごしかた

世の中では、社会的成功、つまり運命の波のピークばかりが関心を集めていますがピークが高くなるとボトムも深くなりますよ、ということは知られていません。誰もボトムのことは触れたがらないのです。

ボトムの存在に気づいていないか、あるいはほのかに気づいていても、あってはならないものとして、認めることを拒否している人が多いように思います。

運力の強化ということは、いかにボトムと取り組むかが中心になり、まずはボトムの存在を認めないことには話になりません。

運力がまだ十分に強くないうちは、前述のように、どうしてもボトムでジタバタしてしまうのは避けられません。

そのときに、不運を否定して、そこからのがれようと悪あがきをすると、不運が不運になり、下手をすると再起不能の人生の転落につながります。

同じようにジタバタするにしても、それを意識できれば、運力強化の一歩目につながります（5章）。

ある程度運力の強化ができた人は、10章で述べた「塞翁が馬」的な生きかたと、

「屈辱バネ」型の人生と、二通りのまったく違うスタイルがあります。

これらの四種類のボトムの過ごしかたを、一覧表（107ページ）にしてみましょう。

このなかで、なんとしてでも避けたいのが、Ⓐですね。ここで整理しておきたいのですが、Ⓐのなかにはふたつの表現が含まれています。

ひとつは、不運を否定して、そこから無理矢理にのがれようとして悪あがきをすることです（5章）。

もうひとつは、運力の強い人を表面的にまねすることにより、「プラス思考の落とし穴」にはまってしまうことです（2章）。

世の中には、「運のいい人のまねをしなさい」という教えがはびこっていますが、これは、とても危険なメッセージです。まねしてすぐにできるなら、誰も苦労をしません。

本書の読者は、圧倒的に運力が弱い人が多いと思います。十分に強い人は、本書を手に取る気はしないでしょう。

そういう人にとって、もっとも大切なことは、自らが弱いことをしっかりと自覚することです。

本書特有の表現では、「運力の弱い自分自身に直面する」となります。

自覚があれば、不運に遭遇してジタバタしている自分を受容できる可能性が高くなります。

「自分はまだ運力が弱いから、いまジタバタしてしまうのはしかたがないだろうな。よし、これから運力強化につとめよう。そうすれば、いつの日かジタバタしなくなるだろう」と思うことができれば、自分をある程度、客観視できるようになり、次の生きかたにつながっていきます。

Ⓑのポイントは、たんにジタバタするのではなく、意識してジタバタすることです（5章）。じつは、なにごとによらず意識するかしないかは、大きな違いを生じます。

たんなる歩行も、姿勢や足のはこび、呼吸、視線や意念のありかたを意識すると立派な修行になり、仏教では「経行《きんひん》」と呼ばれています。呼吸を意識することは、瞑想状態に入っていくための有力な手段のひとつです。

ボトムの過ごしかた

Ⓓ「屈辱バネ」型人生	Ⓒ「塞翁が馬」的人生	Ⓑ運力の強化につながる（不運に直面する）	Ⓐ不運を不運にしてしまう（不運に直面できていない）
ボトムでジタバタしない＝運力が十分に強い		ボトムでジタバタする＝運力がまだ弱い	
ボトムで必死に努力をして、次に到来するピークを高くする。 社会的な成功を達成する。	不運を淡々とやり過ごす。 社会的成功にはつながらないが、平穏無事な人生となる。	ジタバタしている自分を受容し、意識してジタバタする。 運力がまだ弱いことを自覚して、運力の強い人のまねをしない。	不運を否定して、避けようと悪あがきをする（5章）。あるいは、運力の強い人を表面的にまねて、「プラス思考の落とし穴」（2章）にはまる。 結果として「うつ」になるか、人生を踏みはずして、転落する。

もし、首尾よくジタバタしていることを意識できれば、そういう自分を冷静に見つめる「もうひとりの自分」が育ってきます。

これは、運力強化の最大のポイントであり、のちほど13章で詳しく述べます。

さて、ほとんどの読者にとっては、すこし先のことになりますが、首尾よく運力が強化できたあとのことを述べましょう。

すこし前までは、産業が発展して軍事力が強化されないと、侵略されて列強の植民地になってしまう危険性がありました。

つまり、GDPの増大は国家の存亡にかかわることだし、ひとりひとりが社会的成功を目指してがんばることが、それを支えるので、絶対的な正義だったのです。

したがって、社会全体が「がんばれ!」「努力しろ!」「成功を目指せ!」という風潮に支配されてきたのは、むしろ当然だったと言えます。

最近の若者は、私たちの時代に比べると、はるかに上昇志向が弱まっており、スローライフを目指す人が増えてきたような気がします。社会の指導層からは、例によって「最近の若者は……」と、それをなじる声が聞こえてきます。

しかしながら、時代は変わってきており、軍事力が弱いからといって、他国に侵略される危険性は、はるかに小さくなってきました。つまり、GDPが成長していないと、国の存続が危ないというのは、すでに過去の常識になっています。

若者たちのなかに、上昇志向が弱い人がすこしずつ増えてきたのは、それと無関係ではないでしょう。つまり、社会が進化し、それにともなって人類も進化していると も解釈できます。

その意味では、表の©、「塞翁が馬」的な人生は、これからの時代の主流になるかもしれません。社会的成功という道草を食わないだけ、悟りへの道を早く進めるでしょう。

もちろん、社会の価値観というのは、そう急激にバタッとスイッチが切り替わるものではありません。いまでも、大多数の若者は成功を目指しています。

その証拠に、「幸せな小金持になるために」といったセミナーには、きわめて大勢の若者が群がっています。

もちろん本書は、そういう人たちもサポートします。その意味では、次の12章で表の⒟、「屈辱バネ」型人生に関して、もうすこし詳しく述べましょう。

運力の法則⓫

人生はボトムの過ごしかたで大きく四つに分類できる。

運力が弱いうちは、不運に直面できずに転落してしまうか、不運に直面して意識してジタバタすることにより運力強化につなげていくかの二種類（5章）。

運力が強くなると、淡々とやり過ごす「塞翁が馬」型か、必死に努力して社会的成功につなげる「屈辱バネ」型の二種類（10章）。

社会が進化すると、さしたる社会的成功を求めない「塞翁が馬」的な生きかたが主流になるかもしれない。

［12章］

自《みずか》らの運命を信頼する

世の中には、飛び抜けて運動能力が高い人がいますね。それと同じように、すさまじく運力の強い人もいます。

私の六八年の人生で出会ったなかで、もっともすごいなと思ったのが、ソニーの創業者の故井深大《いぶかまさる》さんです。

もちろん、社会的に大成功しておられるわけであり、「屈辱バネ」型人生、つまりボトムで必死に努力して、次のピークへ駆け上がっていく人生を歩まれました。

みなさんが伝え聞いている彼の人生、つまり外から見た井深さんは、すべて順風満帆、トントン拍子に駆け上がっていったと思われています。どこに屈辱なんかあったんだ、という感じでしょう。

私は、三三年間にわたって、かなり近い位置でおつきあいいただき、薫陶《くんとう》を受けてきました。生身《なまみ》の井深さんは、山のようにボトムを経験され、屈辱を乗り越えてきておられます。

そのなかでも、もっとも印象に残っているのが、もう四〇年前のエピソードになってしまいますが、トリニトロン・カラーテレビの開発です。

これは、拙著『マネジメント革命』（講談社）や、「文藝春秋」二〇一〇年三月号でも紹介しましたが、本書でも簡単に述べます。

ソニーは、一般にはあまり知られていませんが、倒産の危機を何度も乗り越えて成長しました。このときも、かなり深刻な状態だったと思います。

一九六四年の東京オリンピックを契機に、カラーテレビが爆発的に売れはじめましたが、ソニーは大幅に出遅れたうえ、一台売るごとに数十万円の赤字が出るという惨《さん》憺《たん》たる状況になりました。

それは、他社がすべてシャドーマスクという方式を採用したのに対して、ソニーだけが、クロマトロンという特殊な方式で勝負を賭けたからでした。

井深さんの「人のやらないことをやる」というこだわりだったのです。

クロマトロンは、たしかに画面が明るくきれいだったのですが、技術的にデリケートで、コスト高でした。

ふつうの経営者だったら、ここでクロマトロンをあきらめてシャドーマスクを採用したでしょう。キーとなる部品を他社から調達すれば、すぐに商売をはじめられます。ソニーは面子《メンツ》を失い、評判をすこし落とすかもしれませんが、すくなくとも倒産の危機は回避できたはずです。

でも、井深さんは違いました。

その危機的な状況のなかで、クロマトロンでもシャドーマスクでもない、第三の方式を開発しようと言い出したのです。

研究開発は、俗に「センミツ」と言います。成功するのは、千に三つ、つまり0.3％程度だというのが常識です。

その時点で、カラーテレビはすでに産業として十分に立ち上がっていました。他社は、生産量も多く、利益も十分に上がり、コストダウン競争に入っていました。

しかも、自社は倒産の危機に瀕《ひん》して余裕を失っています。そのタイミングで、センミツの新方式の開発に、会社の存廃を賭けるということが、いかに無謀なデシジョンか、ご理解いただきたいと思います。

今日ソニーがあるのは、このとき井深さんが、この無謀とも言える、わずかな可能性の賭けに勝って、圧倒的に美しい画面の新方式の開発に成功したからです。

「トリニトロン」と名づけられたその方式は、一九六八年に発売されましたが、爆発的にヒットし、以後三〇年にわたってソニーの収益を支え続けました。

自社で、ゼロから開発したことにより、優れた技術やノウハウはすべて社内に蓄積され、自信と誇りと情熱を持ったエンジニアが数多く育ちました。

つまり、その後のソニーの大発展の礎《いしずえ》が、このトリニトロンによって築かれたのです。倒産の危機が会社の大発展に化けたわけですから、「屈辱バネ」型人生の典型ですね。

さて、たぐいまれな運力の持ち主が、信じられないようなわずかな成功確率をものにして、その後の発展の基礎になったプロジェクトを成功させた例をお話ししました。

前述のように、こういうやりかたを、運力が弱い人がまねをしてはいけません。それは、たんに無謀が破綻《はたん》を呼ぶだけです。

並の運力の経営者だったら、クロマトロンが大赤字を垂れ流しているときに、さっさとそれをあきらめて、他社と同じシャドーマスクを採用すべきでしょう。

それから二〇年経ち、ソニーは自ら開拓して特許も保有していた家庭用VTRの世界で、ベータマックスという方式をあきらめて、松下（現パナソニック）陣営のVHS方式の軍門に降《くだ》りました。

カラーテレビのときより、はるかにソニーにとって有利な状況のなかでの敗退ですが、私はそのときの経営陣の運力のレベルを考えると、これは経営者として正しいデシジョンだったと思います。

つまり、「どうすればいいか」ということは、その人の運力によって違ってくるのです。

井深さんのエピソードは、ほとんどの人にとっては、まったくまねができません。

それを、なぜお話ししたかというと、ひとつには運力が強ければ、ここまで行けますよ、という例です。

これは、スポーツで言えば一流選手のプレーを見るようなものです。自分にはとてもまねはできないけど、見る価値は十分にあるでしょう。

もうひとつは、常識はずれのデシジョンをしたとき、井深さんの内部になにがあったかをお話ししたかったからです。

それは、自らの運命に対する絶対的な信頼感です。

外的運命としては、絶体絶命と言える状況のなかで、必ず好転するという強い信念があるわけです。だからこそ、ボトムのなかで気力を失わず、次の飛躍に向かって着実に手を打ち、努力を続けられるのです。

逆に、絶望している人は、まともな手も打てないし、努力もできないことはおわかりいただけるでしょう。

つまり、運命を論じているからといって、努力を軽んじるのではなく、適切な努力をするためにも、自らの運命に対する信頼感が必要なのです。運力が強いということは、自分の運命を深く信頼しているということと同じ意味です。

私が、逆境でもしっかり努力できる力に、「運力」というちょっと変わった命名をしたのはそのためです。

もちろん、それを詳しく分析すれば、心の深いところで内的運命にしっかりと接地できている、とも表現できます。

運力の法則⓬

その人の運力の強さにより、「どうすればよいか」という最適な答えは異なる。ボトムで、次の飛躍のための着実な手を打ち、必死に努力するためには、自らの運命に対して、絶対的な信頼感が必要。

[13章]

もうひとりの自分

俵万智《たわらまち》さんの短歌です。

泣いている　我に驚く　我もいて
恋は静かに　終わろうとする

失恋して泣いているわけです。でも泣いている自分のほかに、もうひとりの自分がいて、冷静に観察しています。

「あれ、あれ、この子泣いちゃったよ」と驚いています。

つまり、彼女の場合には、失恋という不運に遭遇してジタバタしている自分のほかに、それを冷静に見つめるもうひとりの自分が、十分に育っていることがよくわかります。

これは、運力が強い証拠です。

3章で、「不運にも落ち込まず、好運にも有頂天にならず、せまりくる運命を淡々と受けとめる」と述べました。

まるで、聖人か仙人のことを言っているように感じられたかもしれません。自分にはとうていできそうもないな、とあきらめの境地が先に立ってしまった人もいたでしょう。

じつは、本当のことを言うと、どんな人でも不運に遭遇すれば、心が騒いでジタバタするし、好運には素直に喜びます。でも、そういう一喜一憂している表面的な自分とは別に、ものごとに動じないもうひとりの自分が育っている人もいます。

「運力を強化する」ということは、じつは、そのもうひとりの自分をしっかりと育てることなのです。誰にでもそれはいるのですが、ひとつにはその存在が小さい。もうひとつには、健全ではないことなどが問題です。

よく、なにか失敗をしでかすと、やたらに自分を責める人がいますね。「俺は、なんて馬鹿なんだ！」とか「なんで、こんな簡単なことに気づかなかったんだ！」という感じです。

いま世の中では、「失敗はよく反省して、次に生かさなくてはいけない」という考えが一般的ですから、どうしても、内省的なもうひとりの自分が育ってしまう傾向があります。

それは、運力の強化とは逆方向です。内省と言うと聞こえはいいけど、結局それは、自己否定につながっています。そうすると、どうしても萎縮してしまい、本来の自分の力は発揮できません。

そういう人は、不運にジタバタして、本物の不運にしてしまいがちです（5章）。

じつは、批判的なもうひとりの自分というのは、大脳新皮質に育っています。理性と論理で塗り固められた、冷たいもうひとりなのです。自己否定が古い脳に送り込まれるので、絶望という情動を喚起しがちです。

つまり、そういうもうひとりの自分は、きわめて不健全と言えます。

じつは、「いい」とか「悪い」とかいう価値判断は、新皮質で行なわれます。その基準となるベースは、理性、倫理観、道徳観のようなものですが、それらは、教育やしつけで形成されてきた、いわば借りものです。

その価値判断が、批判や自己否定の源《みなもと》であり、不運を不運にしてしまう元凶です。つまり、運力という意味では、教育やしつけは逆効果なのです。厳しいしつけを受けて育ってきた人は、どうしても運力は弱い傾向があります。

しつけというのは、まともに社会生活を営むうえでは、どうしても必要なことなのですが、それにより、運力をそいでいることは注意を要します。

運力がもともと強いのはどういう人かというと、自然のなかで育ってきた野生児です。都会で、家のなかでテレビゲーム相手に育つと、どうしても運力は弱くなります。

このことのなかに、運力を強化するにはどうしたらよいかというヒントが、たくさん隠されています。

運力の強化につながるもうひとりの自分は、古い脳のなかに育ってきます。したがって、「いい」「悪い」の判断とは無関係であり、すべてを受容し、すべてに肯定的になります。

ただし、ここで言う肯定的というのは、新皮質で「いい」と判断したのとは、まったく違うことは注意を要します。つまり、「いい／悪い」という相対的な峻別を超えた絶対的な肯定なのです。

私たちは、ほとんど新皮質の判断だけで生きていますので、この話はすこしわかりづらいかもしれませんが、14章で、もう一度詳しくお話ししましょう。

無意識に育つもうひとりの自分の特徴は、いま述べた「受容」と「絶対的な肯定」のほかには、「冷静」「客観的」「中立的」という特徴があります。

「冷静」というのは、一喜一憂して、すったもんだしている自分に巻き込まれないことを意味します。一緒になって熱くなったり、落ち込んだりしていたら、もうひとりの自分としての役割はこなせません。

「客観的」ということは、自分の視点ではなく、第三者の視点で、自分自身やものごとを眺められるということです。

人間という生きものは、なかなか自分の視点から離れられるものではありません。いくら意識レベルで客観的になろうとしても、結局は、自分に都合がよい視点に固執してしまうのです。

本当の意味での、第三者の視点でものごとが見られるようになったら、もう運力はかなりついてきているでしょう。

最後の「中立的」というのは、客観的ということと似ていますが、前に述べた「いい／悪い」という判断を離れることです。これはもっとも大切ですが、もっとも難しいポイントです。

私たちは、幼少のころから、ものごとや行動に関して瞬時に「いい／悪い」の判断をするようにしつけられてきました。また、そうしないと、日常生活はうまくいきません。

いま、自分で自分自身と思っている存在は、その「いい／悪い」の判断で塗り固められた鎧《よろい》と言ってもいいくらいです（心理学ではその自分自身を、仮面という意味のペルソナと呼んでいます……14章）。

つまり、「いい／悪い」の判断を脱却するということは、いま自分と思っている主体から自由に離れられることを意味しており、意識レベルでそう思ったからといって、できることではありません。

たとえば「中立的でなければいけない」と思うと、それを「いい」とし、そうではないことを「悪い」とする「いい／悪い」の呪縛《じゅばく》にはまっており、結局、中立的ではなくなってしまうのです。

古い脳のもうひとりの自分は、ちょっとやそっとでは育ちません。運力の強化というのは、時間もかかり、一筋縄ではいかないのはそのためです。

巷《ちまた》では「こうすれば運がよくなる」という主旨の、きわめて安直な「ハウトゥー本」がたくさん出版されていますが、それらはさしあたり、運力の強化にはなんの効果もないことを、ぜひ心にとめておいてください。

運力の法則⑬

古い脳の無意識のレベルに、冷静で、客観的で、中立的なもうひとりの自分が存在するようになると、運力は確実に強化される。

[14章]
無分別智

「いい／悪い」の区別をしない様子を、英語で「Non Judgemental」と言います。私はそのことを、アメリカ・インディアンの長老から徹底的に仕込まれました。

彼のことばをみんなに通訳しているとき、「Judgement」を「判断」と訳していたのですが、ずーっと違和感がつきまとっていました。

日本語で「判断」と言ってしまうと、「いい／悪い」の区別を超えた深遠な世界がどこかに行ってしまいます。たんなる合理性にもとづく論理的な判断の、表面的で薄っぺらな世界の印象が勝ってしまうのです。

おそらく、インディアンのもともとのことばには、日本語にも英語にもない深遠な意味が込められていたのでしょう。残念ながら、文明社会にはそういう概念そのものがないので、ことばが薄っぺらくなってしまうのです。

この本も日本語で書かれていますが、文明国のことばで、その長老の教えを記述することは、とても困難だと思います。

じつは、「judgement」ということばを、仏教用語の「分別《ふんべつ》」と訳すと、かなり正確に長老のニュアンスが伝わります。ところが、ここでも困った問題が発生します。

それは、私たちの日常的な生活のなかでは生きていない概念のため、分別ということばも、仏教の本来の意味とは、まったく違う意味で使われるようになってしまったからです。

結局、その社会のなかで生きていない概念は、ことばで伝えることがとても難しいのですね。しかしながら、この概念がお伝えできないと、運力向上のもっとも重要なポイントが抜けてしまいます。

そこで、微力ではありますが、なんとかお伝えする努力をしてみたいと思います。

まず最初に、みなさんよくご承知の、一般常識としての「分別」の意味を復習してみましょう。

「分別がある」というのは、あきらかにほめことばですね。十分な人生経験を積んで、常識をわきまえ、倫理観も道徳観もしっかりしており、おかしな判断をする危険性がないことを言います。

つまり、人間として成熟しており、信頼できることを表わしています。ところが、仏教ではまったく逆です。「分別智」というと、凡夫の浅はかな知恵を指します。

なぜ浅はかかというと、ものごとを分《わ》け隔《へだ》てて判断してしまうからです。その判断の基準になっているのが、自分のいままでの狭い経験や、幼児期からのしつけや教育です。それは、たんに自分でこだわって勝手に設けた基準（我執《がしゅう》）でしかありえない、というのが仏教の立場です。

13章で、「いい／悪い」と分け隔てる判断で塗り固められた鎧《よろい》を、自分自身と思い込んでいると述べました。

これをしてはいけない、あれをしなければいけない、人間として（あるいは課長として、父として、夫として）こういう言動を取るべきだという信念を山のように積み上げたものが、心理学で言うペルソナ（仮面）です。

私たちのほとんどは、ペルソナと自分自身を同一視してしまっていますが、それは真実の自分とはほど遠い存在だ、ということを深層心理学は説いています。

ペルソナという枠からはみ出している衝動を、私たちは無意識レベルで「悪い！」と決めつけて、自動的に抑圧してしまうので、行動として外に表出されることはありません。

そのときの判断基準が、自分で勝手に形成してしまったペルソナという枠なのですが、それは多くの場合、社会に過剰に適応しようとして歪《ゆが》んでいます。

つまり、私たちの「いい／悪い」の判断基準は、まったく当てにならないことを、心理学では教えてくれています。いまの場合は、自らの行動に対する判断の話ですが、そのほかの善悪の判断でも同じです。

じつは、仏教の教えはそれよりも、もう一歩先に行っており、究極的には善悪、正誤、正邪などの区別は、いっさいできないのだ、と教えています。それだけではなく、自分と対象物の区別も否定しています。

「いい／悪い」のように、どこかでピッと線を引いて、ものごとをふたつに分け隔てる考えかたを二元性《にげんせい》と言いますが、仏教ではいっさいの二元性を否定しています。

ものごとの真実の姿というものは、二元性を超えたところにあるし、区別するためにピッと引いた線には、私たちのエゴが反映しているという教えです。

また、人間は悟りに近づいていくと、だんだん宇宙との一体感が増していき、究極的には、「自分」という感覚がなくなって宇宙に溶け込んでいくと説いています。

その状態では、自分と観察している対象物の区別さえなくなり、すべてが溶け合った状態になる、それが究極の姿だというわけです。このことから、自分という存在は仮の姿であり、本当はないのだという「無我」の思想が説かれているのです。

前述のように、私たちのほとんどは、ペルソナを自分自身と思っています。それは錯覚にしかすぎないというところは、心理学と同じですが、真の自分自身は、じつは宇宙そのものなのだというすごい教えなのです。

悟りからほど遠い私たちは、そう言われても、ひとごとみたいに「ヘェーッ」と言うしかありません。

しかしながら、瞑想を何年か実習していると、宇宙との一体感を瞬間的にフッと感じることもあり、私は、宇宙の真の姿は仏教の教えどおりなのではないかと思っています。

さて、このようにすべてが溶け合っているという、真実の姿に根ざした智慧《ちえ》を「無分別智」と呼んでいます。サンスクリット語では「プラジーナ」、パーリ語では「パーニャ」と言います。

このパーニャという音が中国に渡り、「般若《はんにゃ》」という漢字が当てられました。『般若心経』の般若です。つまり、『般若心経』も『般若経』も、まさに「無分別智」を説いたお経なのですね。

「無分別智」のことを、私は「宇宙の智慧」あるいは「あの世の智慧」と呼んでいます。それに対して、凡夫の浅はかさの象徴である「分別智」は、「この世の知恵」です。ここで注意したいのは、科学というのは、すべてを分け隔てることにより組み立てられているので、仏教的に言えば「分別智」です。

いま世の中は、科学万能ですね。近代文明の粋《すい》である科学も、仏教的に言うと「凡夫の浅はかさの象徴」になってしまうのです。

以上で「無分別智」の説明を終わります。一般常識を超えた深遠な内容なので、とてもわかりにくかったと思います。

私が驚いたのは、この深遠な内容をアメリカ・インディアンの長老から叩き込まれたことです。彼は、仏教はまったく知りません。

つまり、仏教の教義というのは、仏教独自なのではなく、ある程度、真理を探究していくと、誰でも同じところに到達するらしいのです。それは、近代科学のアプローチとはまったく違った、もうひとつの真理の探究なのでしょう。

さて、13章では、運力の強化に必要なもうひとりの自分が、中立的であること、つまり「いい／悪い」の区別を超えた存在でなければいけないと述べました。それは、仏教で言う「無分別智」に根ざしているということです。

運力の法則⑭

運力の強化に必要なもうひとりの自分は、仏教で言う無分別智から生まれる。

[15章]

ホロトロピックについて

ここまで、なんの説明もなしに「ホロトロピック」ということばを、何度も使ってきました。

私の推進している医療改革は「ホロトロピック・ムーブメント」ですし（1章）、私が主宰する会の名称が「ホロトロピック・ネットワーク」です（7章）。

さらに、病院に代わる新しい概念の名称を「ホロトロピック・センター」としています（7章）。

じつは、ホロトロピックということばは、トランスパーソナル心理学という、新しい学問の流れの提唱者である、スタニスラフ・グロフ博士の造語です。

ギリシャ語の「holos（全体）」と、「trepein（に向かって進む）」を組み合わせており、「全体性に向かって進む」という意味を持たせております。

14章では、「人間は悟りに近づいていくと、だんだん宇宙との一体感が増していき、究極的には『自分』という感覚がなくなって、宇宙に溶け込んでいく」と述べました。

ちょっと聞いただけでは、まったく理解できず、まるで雲をつかむような話ですが、じつはよくよく調べていくと、これは仏教のみの教義ではなく、世界中の多くの宗教や哲学が、表現の違いはあるものの、共通して説いている内容です。

その共通部分は、『永遠の哲学』と呼ばれています。これは、なかなか理解しにくい概念なので、16章でもう一度述べます。

ホロトロピックで言う「全体性」ということは、悟りに近づいて溶け込んでいく宇宙のことです。したがって、「全体性に向かう」ということは、「悟りに向かう」ということとまったく同じ意味になります。

悟りというと、あまりにもすごすぎて、現実感がないですね。でも、人間が精神的成長をとげた究極の姿だ、ということはご理解いただけると思います。

つまり、ホロトロピックということばは、人間の精神的成長の方向性を指し示しているのです。

グロフは、かつて存在したチェコスロバキアという国に生まれた精神科医です。

ＬＳＤというと、今日では使用を禁止されているドラッグの代表格です。ところが当初は、精神病の治療薬として開発されました。

グロフは、精神病の患者や、ごくふつうの健常者を対象に、何千回という規模でＬＳＤセッションを実施してきました。

そうすると、宗教的な神秘体験とほぼ同様な体験を、多くの人がすることを発見しました。宗教だと長年厳しい修行をして、ごくまれに体験する人が出てくるような聖なる至高体験を、ＬＳＤを使えばきわめてお手軽に、多くの人が体験できるのです。

そういう体験まで含めると、もはや人間の精神は、個人として閉じているとはとうてい考えられない、ということからトランスパーソナル（個を超えた）心理学という新しい学問の流れを、高名な心理学者であるアブラハム・マズロー（一九〇八―一九七〇年）と一緒に、グロフは提唱しました。

いっぽうでは、ＬＳＤなどのドラッグを用いると、人類全体が簡単に悟りに向かって覚醒できると主張した心理学者（ハーバード大学のリチャード・アルパート、ティモシー・レアリーなど）も現われ、それが一九六〇、七〇年代にアメリカを中心に一世を風靡《ふうび》したカウンター・カルチャー運動となりました。

年輩の方なら、サイケデリックな服装をして、手足にやたらにビーズを巻きつけた、一見浮浪者のようなヒッピーたちが、世界中の街にたむろしていたのをご記憶だと思います。

ところが、いざ蓋《ふた》を開けてみると、悟りどころではなく、ドラッグによって精神を病んだり、犯罪を犯したりする人が続出しました。

やはり、人間の精神の成長は、そんなにお手軽にできることではないのでしょう。

グロフは、その騒ぎの最中にアメリカに移住しましたが、ドラッグ類が法律で禁止されたため、トランスパーソナル心理学の有力な研究手段がなくなってしまいました。

そこでグロフは、ドラッグを用いなくても、LSDセッションと同様なトランス状態に入れる方法論を、一五年の歳月をかけて開発しました。

そのとき参考にしたのが、世界中のシャーマンたちがトランス状態に入るときの手法です。

グロフの方法論は、基本的には呼吸法であり、それに強烈なリズムをともなう喚起《かんき》的《てき》な音楽とボディーワークを組み合わせています。

その呼吸法を、彼は「ホロトロピック・ブレスワーク」と命名しました。

それに、わざわざ造語をしてまで、ホロトロピック（全体性に向かう）ということばを用いたのは、この方法論がたんなる治療や癒《いや》しを目的としているのではなく、人間の精神的な成長を援助する方向性を持っている、という彼の意気込みが伝わってきます。

それは、ある意味ではカウンター・カルチャーの〝夢の残り火〟とも言えますが、トランスパーソナル心理学は、それ以外にも多くのサイコセラピー（精神療法）の手法を生んでおり、ドラッグ文化からまともな学問体系に進化しつつあるのでしょう。

さて前述のように、私は、病気の治療しかしない病院をこの社会からなくそうという、とても過激な医療改革運動をはじめました（7章）。

そのかわりに、受胎から死まで人の一生をサポートし、病気にならないようにケアしてくれる施設の概念を提唱しました。もちろん、病気の治療も行ないますが、それが主務ではなく、ほかの多くの役割を担うことになります。

人の一生をサポートするわけですから、当然そのなかには、身体的な成長も精神的な成長も含まれます。「永遠の哲学」を参照すれば、精神的成長の究極の目標は、「悟り」ということになります。

新しい概念なので、その名称にふさわしいことばを探していたのですが、グロフが呼吸法に名づけた「ホロトロピック」がぴったりくることに気がつきました。

一九九八年にグロフが来日した折に、昼食を共にし、私の新しい概念の説明をし、「ホロトロピック」ということばを使わせていただけないか、とお願いしました。

彼は快く了承してくれ、以来、私は「ホロトロピック・センター」という名前を、病院に代わる新しい概念に用い、それを推進する運動「ホロトロピック・ムーブメント」と呼んでいます。

主宰する会の名前も、二〇〇四年から「ホロトロピック・ネットワーク」に変えています（7章）。

ブレスワーク（呼吸法）の名称を、まったく違う使いかたをしてしまっていますが、それは、もともとのグロフの「全体性へ向かう」という発想をいただいたからです。

さて、運力とは直接、関係ない話を長々と書きました。

ホロトロピックということばを中心に、カウンター・カルチャーから今日に至るまでの流れが、ほのかにご理解いただけたら幸いです。

そこに流れる通奏低音《つうそうていおん》は、人間にとって悟りに向かう精神的な成長は、とても大切だということです。運力の強化というのは、あきらかにその道に沿っています。

運力の法則⑮

運力の強化の方向性は、悟りに向かう精神の成長の道に沿っている。

［16章］

絶対的肯定

14章では「無分別智」について、15章では悟りに向かう方向性を「ホロトロピック」ということばに託して、お話ししました。

本書では、主として仏教の用語や表現を用いておりますが、「永遠の哲学」では、その本質は多くの宗教や哲学で共通だと教えています。

つまりそこには、いまだに科学が解き明かしていない、人間や宇宙に関する神秘が語られているのです。

しかしながら、その内容はあまりにも一般常識からかけ離れているため、たとえ宗教の説法といえども、どちらかというと触れないようにしているのがふつうです。科学万能のいまの時代にそぐわないし、かえって人々の反発を招くだけだからでしょう。

本書では、運命や運力についてお話ししています。もちろん、それは科学ではまったく説明できないし、論理的に証明もできない内容になります。

したがって拠《よ》りどころになるのが、私自身の経験と直感と、もうひとつは仏教をはじめとする宗教的な教え、とりわけ「永遠の哲学」になります。それを、誤解を恐れずにしっかりと語らないと、運力の話をお伝えすることができません。

さて、悟りに近づいていくと、自分という存在がしだいに希薄になっていき、宇宙全体のなかに溶け込んでいく、と述べました。最終的には自分も対象物もなく、なにごとも、なにものも分け隔てる壁がなくなってしまう、ということです。

私自身は、その境地にはほど遠く、実感をもって語ることはできません。しかしながら、この表現の重みと、常識を超えたとんでもない世界が記述されていることは、理解できます。

常識では、私とあなたは別人だし、机もパソコンも私とは別個の対象物です。宇宙全体に溶け込んでしまうと、私はあなたであり、机もパソコンも、太陽も月までも私だし、おまけに、その私という概念じたいが消滅してなくなっているはずです。

こうやって言語で記述しても、とても空《むな》しく響くし、ちょっとやそっとでは、呑み込める話ではありません。

しかしながら、どうやらその状態が「無分別智」の真髄《しんずい》のようです。

自らが宇宙と一体なら、なにも否定できなくなりますね。あらゆる人、あらゆる事物、あらゆるできごとと、自分自身のあいだに壁がなくなってしまうので、絶対的に肯定する以外にありません。

それは、「いい／悪い」の二元性のなかから「いい」を選ぶという相対的な肯定ではなく、「悪い」も「否定」も存在しえない、肯定しかない世界なのです。

仏教界では、あまり強調されない傾向がありますが、無分別智には、必ずこの「絶対的な肯定」が含まれています。

ヒンズー教は、仏教との共通点が多く、もちろん無分別智も説かれていますが、この絶対的肯定を、より表に出す傾向があります。

本書では、運命の波のボトムでも、内的運命のエネルギーが強力に流れているとか、運力が強くなると、不運のなかに好運を見出すことができるとか、複雑なストーリーを展開しています。

正直言うと、これらはあきらかに分別智の理屈にすぎません。

ヒンズー教では、そんなややこしい話はいっさいせずに、起きたことに対して、無

条件にすべてを肯定します。ヒンズー教の僧侶のところに行って、
「交通事故で片足を失いました」とか、
「ゲリラに息子を虐殺されました」などと訴えても、
「ああ、それはよかったね」と、言われるのがおちです。悲しみを分かち合ってくれたり、慰《なぐさ》めは、まず期待できません。

この世の物質世界の営《いとな》みは、神（宇宙）の幻術（マーヤ）であり、神の思いどおりにコントロールされている。神がその気になれば、瞬時にいっさいを変えることだってできると言います。

これは、ほとんど映画『マトリックス』の世界ですね。

無分別智というのは、宇宙（神）と一体化した智慧ですから、結局この世のすべては、私たちが心のうんと深いところで思っていることが現実化しているので、肯定せざるをえないという理屈になります。

どうやら、無分別智にともなう絶対的な肯定というのは、なにが起きても心から「ああ、それはよかったね」と言える境地のようです。

私たちが、たとえその境地からほど遠くても、そういう絶対的肯定の土台は、すべての人の無意識の奥底にしっかりと潜んでいます。

それが全面的に顔を出すのは、悟りの近くまで行かないと無理です。しかしながら、それよりはるかに手前のレベルでも、絶対的肯定がときおりチョロチョロと顔を出して、私たちの人生を支えてくれています。

13章で述べた、もうひとりの自分というのは、この絶対的肯定が顔を出したものです。したがってそれは、何度も述べたように、「プラス思考」や「いい／悪い」の「いい」などの相対的な肯定とは、まったく違うことをご理解いただけますでしょうか。

相対的な肯定というのは分別智であり、必ずその反対の「マイナス思考」や「悪い」という影を引きずっています。

それは2章で述べたように、「梅干しを思い出さないでください」と言われても、口のなかに唾《つば》がわいてきてしまうという落とし穴に通じています。

このような分別智というのは、大脳で言えば、新皮質が主として担当しています。

判断というのは、論理や理性を規範にしているからです。

新皮質はまた、ものごとを批判的に見るのが得意技です（13章）。新皮質が優勢で、やたらめったら批判ばかりしている人は、無意識レベルに潜んでいる絶対的肯定が顔を出すことができません。

そういう人は、運力が弱いと言えます。

逆に、新皮質が支配的でなくなり、古い脳が活性化してくると、絶対的肯定がチョロチョロと顔をのぞかせるようになっていきます。

そうすると、運力が強くなってきます。

結局、新皮質による支配を弱めて、古い脳が活性化することが、運力の強さにつながるのです。

運力の法則⑯

大脳新皮質が支配的で、やたらに批判的な人は、運力が弱い。新皮質の支配が弱まり古い脳が活性化すると、そこに潜んでいた無分別智の絶対的な肯定が顔を出すため、運力が強くなる。

［17章］

無意識に住むモンスターたち

2章では、梅干しの例を挙げて、無意識の簡単な説明をしました。

フロイトが無意識を発見してから一〇〇年以上が経過し、心理学の分野では、むしろ古典的な概念になっているにもかかわらず、意外に一般には知られていません。

だからこそ、意識をちょっと変えれば人生が劇的に変わると称する、きわめて幼稚な教えが巷にはびこり、本が売られているのでしょう。「プラス思考」などが、その典型です（2章）。

人間という生きものは、そんなに単純ではないし、意識レベルで自らをコントロールできるという幻想を捨てたほうが、運力の強化につながります。


今日でも、ヒプノセラピー（前世療法）など、精神的な疾患の治療に、催眠療法を用いることは多いのですが、フロイトの時代には有効な薬品もなかったこともあり、きわめてさかんでした。

フロイトも、その道の権威について催眠療法を学んでいたのですが、「後催眠現象《こうさいみんげんしょう》」を知り、無意識の存在を確信したと伝えられています。要するに、催眠中の暗示が、そうとは認識されぬまま、覚醒《かくせい》後の言動に影響を与える現象です。

たとえば、深い催眠状態で次のような暗示をかけたとします。

「この眠りから覚《さ》めたあと、私が頭に手をやると、あなたは立ち上がって窓を開けます。しかしながら、ここでその指示を受けたことは、すっかり忘れてしまいます」

催眠を解いたあと、しばらく雑談などをして、なにげなく頭に手をやると、その人は本当に立ち上がって窓を開けます。

「なんで窓を開けたの」と聞くと、

「部屋の空気が悪かったから」とか「いや、ちょっと外を見ただけ」とか、その人なりの理由を、ちゃんと捏造《ねつぞう》してしまいます。本人は、自分の自由意志で行動したと信じているのです。

つまり、暗示は無意識レベルに定着しており、行動を誘発しているのですが、意識レベルには残っていないのです。

暗示として、「窓を開けます」の代わりに「ズボンを脱ぎます」と言ったら、どうなるでしょう。じつは、その暗示は実行されません。

人前ではズボンを脱いではいけないという常識がしっかりと働いて、自動的に行動を抑制してしまうのです。そして、往々にして、ズボンの代わりに上着を脱いだりします。

暗示は生きているので、「ズボンを脱ぐ」という衝動がこみあげてくるのですが、それを理性が抑制して、よく似た別の行動にすり替えて実行されるのです。

ここで注意を要するのは、本人には「ズボンを脱ぐ」という衝動は、意識されません。この一連の複雑なプロセスは、すべて無意識のレベルで処理されてしまうため、気づくことができないのです。

したがって、本人は、単純に自分の自由意志で上着を脱いだと思い込んでいます。

フロイトは、このような後催眠現象を読み解くためには、本人の意識レベルからは、まったくアクセスできないけれど、しっかりと躍動している深層意識のレベルの存在を仮定せざるを得ないことから、それを「無意識（Unconciosness）」と名づけました。

この命名は、無意識ということばの日常的な用法と混同するので、一般向けの本を書くときにはとても困るのですが、学問の世界では一〇〇年にわたって使われており定着していますので、本書でもそのまま用います。

フロイトは、無意識の住人のうち、性欲を中心とする生命の衝動に注目しました。そして、人間の言動はさまざまに形を変えた性欲に支配されている、という「性欲一元説」を唱えました。

その後、多くの心理学者の探求により、無意識には、性欲以外にもたくさんのモンスターが住みついていることがあきらかになりました。

その主なものは、恐怖感、不安感、自己否定、劣等感、トラウマ（過去に受けた精神的外傷）、シャドー（影。このあとに説明します）などです。

フロイトは、広義の性欲をエネルギーと見なし、「リビドー」と呼びました。またリビドーを発生源とする快《かい》を求める衝動を「イド（エス）」と名づけましたが、今日では、性欲以外のモンスターが発する衝動もイドに含めるべきでしょう。

幼児はイドが行動に直結します。やがて、親のしつけなどにより「超自我」と呼ぶ倫理観、道徳観が発達し、イドと激しく葛藤するようになります。

それを調整するのが、意識の中心である「自我」だとするモデルが提唱されていますが、自我の定義は、心理学者により大幅に異なります。意識と無意識の全体図をマンガ的に157ページに示します。

私たちは、自らの自由意志で行動を決定して日常生活を送っていると信じていますが、それは錯覚です。

後催眠現象における暗示とまったく同じように、これらのモンスターたちからは、きわめて激しい衝動が突き上げてきており、それらがたがいに葛藤し、あるいは理性やペルソナ（14章）と闘《せめ》ぎ合い、最終的な行動が発露されるのです。

このときも、葛藤は無意識のレベルで行なわれるため、本人はまったく気づきません。このことは、ほとんど知られていないので、みんなは能天気に自由意志で行動していると思い込んでしまっているのです。

これらのモンスターたちのうち、恐怖感や不安感のルーツは、生命の衝動の一種で

無意識に住むモンスターたち

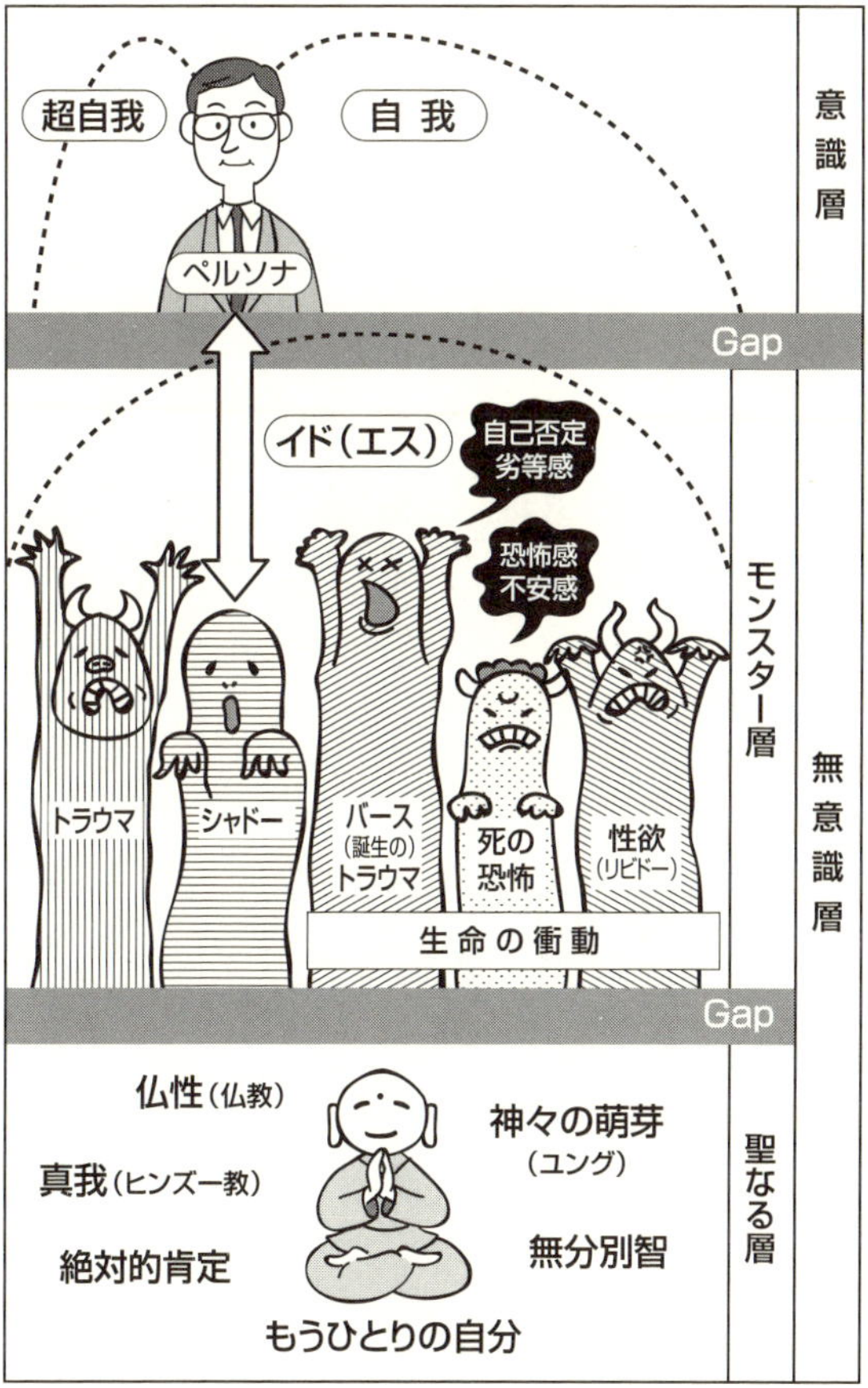

ある「死の恐怖」（6、7章）です。

自己否定や劣等感のルーツは、誕生による母子分離から来るバーストラウマですが、これについては、18章で解説します。

シャドー（影）というのは、すこし複雑な概念なので、以下に説明します。

13、14章では、意識レベルの「いい／悪い」という判断から、こうあるべきだという自分自身であるペルソナが形成されると述べました。

そのペルソナからはみ出して「あってはならない」と思った部分、あるいは、意識される以前になんらかの理由により抑圧された衝動が、無意識レベルに沈殿しています。それが、シャドー（影）と呼ばれる巨大なモンスターに育っています。

いっぽうユングは、フロイトとともに深層心理学を開拓した心理学者ですが、無意識の住人はこれらのモンスターたちだけでなく、聖なる存在もたしかにいる、という説を唱えました。

それをユングは、「神々の萌芽《ほうが》」と呼びました。仏教では、誰の心のなかにも「仏《ぶっ》性《しょう》（仏としての本能、仏になる種子）」が存在すると教えていますが、同じことでしょう。

本書の表現で言えば、無分別智をベースとする絶対的肯定をともなったもうひとりの自分、ということになります。

13章では、もうひとりの自分を育てる、という表現を用いました。じつはこれは、あまり適切な表現とは言えません。もうひとりの自分は、わざわざ育てなくても、昔からちゃんとそこにいるのです。

無意識の住人たちは、本人には存在がわかりません。そのなかでも、トラウマやシャドーなどのモンスターたちは、たえず激しい衝動を突き上げていますが、もうひとりの自分は、奥のほうで縮こまって、ほとんど眠っています。

運力の強化というのは、その人を眠りから目覚めさせ、どうしたら表舞台に引き出せるかという勝負なのです。

運力の法則⓱

無意識のレベルには、性欲を中心とする生命の衝動、恐怖感、不安感、自己否定、劣等感、トラウマ、シャドーなど、さまざまなモンスターが住みついており、さかんに激しい衝動を突き上げている。

そのさらに奥には、絶対的肯定をベースにしたもうひとりの自分が、小さく縮こまって眠っている。それを、いかに表舞台に引っ張り上げるかが、運力強化の勝負。

［18章］

バース（誕生の）トラウマ

母親が健康で精神的に安定していたら、胎児は幸せです。子宮のなかで羊水《ようすい》に浮かび、たっぷりと愛情を感じながら、ヌクヌクと育っています。

このとき、人は、生涯の財産となる精神の安定を獲得すると言われています。人間なら誰もが、もう一度子宮のなかに戻りたいという「胎内回帰願望」を抱いているのは、そのためです。

ところが、ある日突然、陣痛がはじまり、それまで優しく自分を包んでくれていた子宮が、収縮して絞めつけてきます。へその緒《お》もねじれて血流が悪くなり、胎児は、たいへんな苦痛を味わいます。

最初は、子宮口も閉じており、胎児の苦痛は理由もないし、出口もありません。もちろん胎児は、まだ時間とか空間とかの概念を獲得しておらず、自分とできごとの区別もできません。ただひたすら、このはじめて体験する苦痛に、恐れおののくだけでしょう。

やがて子宮口が開き、狭い産道を下りはじめます。このときも苦痛をともないますが、母子が協力するような様子も見られ、胎児は本能的に生まれ出れば、楽になることがわかっているようです。

そして、ついに母親の体外に脱出し、肺呼吸をはじめます。目的を達成し、苦痛から解放されますが、同時に母親との悲しい別離になります。

赤ちゃんが、自分と母親は違う個体だということを発見するまでには、その後数ヵ月を要しますが、それは生涯で最大のショックだとも言われています。

この一連の出産のプロセスにより、あらゆる人は深く傷ついており、それが生涯にわたり、さまざまな影響を与えていることを発見したのが、フロイトの弟子のオットー・ランク（一八八四―一九三九年）であり、彼は、それを「バース（誕生の）トラウマ」と名づけました。

フロイトは、無意識に住むモンスターとしては性欲だけに着目し、「性欲一元説」を唱えていましたので、「バーストラウマ」を認めることを拒否し、激しい論争になりました。結論から言うと、フロイトはこの論争に負け、「バーストラウマ」は、今日では広く認められています。

キリスト教で、アダムとイブがエデンの園を追放されたという神話は、胎児が子宮から追い出されたということを象徴しています。

神の言いつけに背《そむ》いて、アダムとイブがリンゴを食べたため、人類全体が基本的罪を負っているとキリスト教では教えており、それを「原罪《げんざい》」と呼んでいます。

心理学的に解釈すると、原罪というのは、人間なら誰もが負っているバーストラウマのことです。心理学では、宗教的な神話は、私たちの深層心理の営《いとな》みを反映していることが多いと教えています。

さて、バーストラウマの正体は、なんなのでしょうか?

陣痛がはじまった時点では、「死の恐怖」もありますが、基本的には母親との別離ですね。

しかしながら、個と個がたんに別れるのではなく、個が成立する以前にそれまで一体だった母親から別れるのですから、私は「分離（セパレーション）」ということばのほうがふさわしいと思います。

胎児にとって、母親は宇宙そのものです。もちろん、まだ私たちのような宇宙という概念を持っておらず、自分という概念すら獲得しておりません。周囲に存在する子宮との一体感のなかで、まどろんでいるだけです。

バーストラウマのいちばん基本的な苦しみは、「一体であること」から、「個」が分離する恐怖なのです。

じつは、人間が生涯で経験するあらゆる苦しみや、悩みを詳しく分析していくと、前に述べた「死の恐怖」（6、7章）と「分離の恐怖」のふたつのルーツに行きつきます。

要するに「死」と「生」ですから、基本的には生命の衝動なんですね。17章では、フロイトが生命の衝動のなかで、性欲だけに注目したと述べましたが、それ以外にも死と生にまつわる衝動があるのです。

私たちは、生きていると、じつにさまざまな災難に出会い、そのたびに苦しんだり、悲しんだり、悩んだりします。それを分類しようとすると、星の数ほど理由が挙げられると思います。

ところが、それらは性欲も含めて、たった三つの生命の衝動が投影されているだけで、そんなにバラエティがあるわけではないのです。

そして、私たちの人生で、外側で発生する災難が苦しみをもたらすのではなく、これらの生命の衝動がそれに投影されるから、苦しむのです。つまり、苦しみは、外側から来るのではなく、内側の投影が根本的な要因なんですね。

仏教では、人間の基本的な苦しみは「生老病死」の四苦だと教えています。死はもちろんのこと、病《やまい》も老《おい》も「死の恐怖」が投影された苦しみです。

いっぽうの「生」の苦しみというのは、多くの仏教学者たちが「生まれる」苦しみではなく、「生きる」苦しみだ、などと解説しています。

私たちのふつうの感覚では、赤ちゃんが誕生すると、「おめでとう」と喜ぶので、生まれることが苦しみだとは信じられません。だから、そういう妙な理屈で逃げているように、私には思えます。

ところが、心理学を参照すれば、誕生というのは、まさに人生のすべての苦しみの源泉であり、それは「分離の恐怖」であることがあきらかです。

キリスト教の「原罪」にしても、仏教の「生老病死」にしても、宗教というのは、人間の苦しみの源泉をじつに的確に表現していると思います。

「一体であること」から、自分が分離してしまった、という感覚を、私は「セパレーション感覚」と呼んでいます。誕生により発生する感覚であり、さまざまな苦しみの源《みなもと》になっている感覚です。

人間の意識の成長にとって、自我（エゴ）の発達というのは、きわめて大切なのですが、その裏側には、バーストラウマに起因するセパレーション感覚が存在するのです。

セパレーション感覚は、母親からの分離がおおもとですが、それはあらゆる対象に投影されます。

よく、男の子が欲しかったのに女の子が生まれてしまったなど、自分が両親が望んでいた存在ではないと知ったとき、子どもは深く傷つき、トラウマを負いますが、それは両親とのセパレーション感覚に起因します。

両親にかぎらず、恋人やパートナー、友人、会社の上司などあらゆる対象に対して自分は理解されていない、疎外されていると感じるのは、このセパレーション感覚が投影されるためです。

17章で述べた、無意識に住むモンスターたちのうち、自己否定と劣等感は、セパレーション感覚の投影そのものだし、トラウマの多くも、セパレーション感覚に起因します。

運力強化に重要な、もうひとりの自分が表に出るのを妨げている大きな要因が、このセパレーション感覚なのです。

運力の法則⑱

人は誰もが誕生によるバーストラウマを負っており、それにともなうセパレーション感覚がある。それが、運力の強化を妨げる大きな要因になっている。

［19章］

ゴーギャンへの回答

ゴーギャン（一八四八―一九〇三年）という画家がおりました。砒素《ひそ》を飲んで自殺をはかり、二度目に亡くなりましたが、一回目の未遂で終わったとき、遺言となる大作（1・39m×3・75m）を残しました。そのタイトルはとても有名です。

D'où venons-nous?(われらいずこより来たるや？)
Que sommes-nous?(われら何者たるや？)
Où allons-nous?(われらいずこに行くや？)

(ポール・ゴーギャン作／ボストン美術館)

人間はどこから来て、どこに行くのか、そしてその本質はなにか、という問いです。この絵はボストン美術館所蔵ですが、二〇〇九年の七～九月に日本でも公開され私も見てきました。

本物は、印刷ではまったく感じられない、すさまじいエネルギーを放散しており、その前に立つと圧倒され、ひとりでに涙が出てきました。絵を見ただけで、こんな感じになったのははじめてです。

この絵が描かれたのは一八九七年ですが、以来ゴーギャンの問いかけは、多くの人により、繰り返し引用されてきました。

しかしながら、それに対する回答は、私はまだ目にしたことがありません。とても僭越《せんえつ》だとは思いますが、不肖私が、この人類最大の問いに答えたいと思います。

まず、「人間はどこから来たのか」というと、はっきりしているのは母親の胎内から、ということですね。

「どこに行く」ということに関しては、かつては「土に還《かえ》る」というすばらしい表現がありました。昔は土葬でしたので、遺体が棺桶《かんおけ》ごと腐っていき、やがて土になる、というのが、この表現の意味するところです。

これは、なんてことない話のように聞こえますが、じつは、本来は人間といえども、地球の自然なエネルギー循環の一部だよ、というとても大切なことを教えてくれています。

動物の排泄物《はいせつぶつ》や遺体が大地の栄養になり、その大地が草や野菜や果物を育て、それを食べて草食動物が育ち、それを肉食動物が食べて……というのが、そのエネルギーの循環です。

したがって、ゴーギャンの問いに対する最初の答えは、

――人は母親の胎内から来て、土に還っていく――

となります。でも、これではあたりまえすぎておもしろくもなんともないですね。

これから、すこしずつ話を深めていきます。

まず、「土」ということばは「大地」と言ってもいいでしょう。英語で大地のことを、「Earth」と言いますが、「地球」という意味も持っています。

「地球に還る」と言い換えると、だいぶスケールが大きくなり、「宇宙に還る」というのと、ほとんど同じ意味になります。

そうするとなんと、7章で述べた「宇宙に溶け込んでいく」、あるいは「ホロトロピック（全体性に向かう）」という表現に重なりますね。

これらの表現は、人間が精神的な成長をとげ、悟りに向かっている様子を表わしています。

悟りに近づくにつれ、人は煩悩《ぼんのう》がすくなくなり、絶対的な静寂の境地である「涅《ね》槃《はん》」に向かっていく、と仏教では教えています。

俗に「涅槃に入る」と言うと、死ぬことを意味しますから、ここでも「土に還る」と重なります。

最近ですと、ヒプノセラピー（前世療法）などの退行催眠がさかんに行なわれていますが、前世の人生が終わり、今世に生まれてくるまでのあいだ、つまり肉体を持っていない素の魂の状態の記憶を呼び戻すと、ほとんどの場合、とても安らかな静寂な精神状態が報告されます。

もちろん、退行催眠で出てきた記憶が、本当にあったという保証はまったくないのですが、なんとなく死ぬと涅槃に入ると言われていることが、さもありなんと思えてきます。

仏教書をいろいろ見ても、涅槃というのが、どういう精神状態なのかよくわかりません。

本来の意味は「吹き消す」であり、煩悩の炎を吹き消して、「人間の本能から起こる精神の迷いがなくなった状態」と定義されています。正直言って、これでは私たちのような凡夫には、想像することすらできません。

そこで、かなり僭越なこととは思いますが、私なりの涅槃の定義を作ってみました。

涅槃の定義（解釈・天外）

①いっさいの過去を悔《く》やまない
②いっさいの未来を思い煩《わずら》わない
③いっさいの対象（物・人・できごと）にこだわらず、執着しない
④起きたことのいっさいを受容し、肯定する
⑤他人や団体、世の中をいっさいコントロールしようとしない
⑥比較や評価をいっさいしない
⑦いささかの不安も恐怖もない
⑧満ち足りて、平和で、至福に満ちている

おそらく、本当のところは、とても言語では表現できないのでしょうが、さしあたり私のせいいっぱいの表現力だと、このような定義になります。

深層心理学の表現で言えば、17章で述べた無意識に住むモンスターたちが、いっせいにいなくなった状態と言っていいでしょう。

さて、ここまで考えてくると、陣痛がはじまる以前の胎児の状態は、かなり涅槃に近いと思いませんか。

過去を悔やんだり、未来を思い煩う胎児がいるわけはないですよね。ほとんどの場合、胎児は、至福の瞑想状態で過ごしていると言われています。

もちろん、厳密なことを言えば、母親の精神が揺れると、それに対応するホルモンが、へその緒を通じて胎児にも送り込まれるので、涅槃は破れています。まあ、擬似的な涅槃と考えてもいいでしょう。

そうすると、「人はどこから来て、どこに行くのか」というゴーギャンの問いに対する、ふたつ目の答えが出てきます。

――人は涅槃（胎内）から来て、涅槃（死後）に還っていく――

もうひとつの問いである、「われわれは何者か＝人間の本質はなにか」に対する答えとしては、最終的に宇宙に溶け込んでいく、ということから、

――人間の本質は宇宙そのものだ――

となります。さきの第二の答えで、涅槃（死後）に還るとしましたが、涅槃というのは死ぬ前でも達することができると言われています。

そこで、すこし格好をつけて「宇宙の胎内に還る」という表現を使うと、第三の回答が、次のように表現できます。

――人の一生は母親の胎内（涅槃）を出て、宇宙の胎内（涅槃）に戻っていく旅路だ――

母親の胎内では、へその緒がつながっています。宇宙の胎内に戻るときには、今度は、宇宙と結ぶへその緒をしっかりと形作っていかなければなりません。それを、い

までの私の著作では、「宇宙の根っこにつながる」と表現してきました。

宇宙と結ぶへその緒が、しっかり太くなるということが、あらゆる宗教的修行の方向性であり、同時にそれは、運力の強化にもつながります。

運力の法則⑲

人の一生は母親の胎内の涅槃から出て、宇宙の胎内の涅槃に還っていく旅路。宇宙と結ぶへその緒が、しっかりと太くなっていくと、運力は強化される。

［20章］

企業の価値観から離れる

それ以前の私だったら、おそらく恥ずかしくて死んでしまいたいと思ったことでしょう。

こともあろうか、私としたことが、講演の途中で、舞台の上で泣き出し、ことばが出なくなって、立往生してしまったのです。聴衆はおそらく、一〇〇〇人は超えていたと思います。

「あれ、おまえさんは、意外にうろたえないね」

幸いにも、そのときには、私にはもうひとりの自分がちゃんと育っており、泣いている自分を冷静に観察できていました。

本来なら、講演者はその場を仕切っているわけであり、立往生したら、すべての進行が止まってしまいます。パニックを起こしてもおかしくない状況です。

でも私は、ことばを失ったまま、静かにそこに立ち尽くしていました。そんな状況のなかでも、冷静に観察する余裕があり、聴衆の半分ほどがもらい泣きしているのが見えました。

実際に何分経過したかはわかりませんが、永遠とも思えるほどの、長い時間に感じられました。そうこうするうちに、パラパラと拍手が起こり、やがて会場全体が割れるような拍手に包まれました。

泣いている私に対するはげましの拍手です。私は、しばらく深々と頭を下げ、再び頭を上げたときには、動揺が収まっており、なんとか講演を続けることができました。

二〇〇四年の四月、「南無《なむ》の会《かい》」の基調講演でのひとこまです。

南無の会というのは、松原泰道師が主宰しておられた仏教の会です。この種の会としてはめずらしく、さまざまな宗派が寄り合って、運営されています。

また、講師にキリスト教関係者を招くこともあり、ほかの宗教に対してもオープンなのが特徴です。

唯一のきまりごとは、会がはじまるときに、全員で「ナーム」と唱和することだけです。

じつは、松原泰道師との出会いによって、私の人生は、大きく転回しました。

きっかけは、その一〇年前の一九九四年に拙著『ここまで来た「あの世」の科学』（祥伝社）の推薦文をお願いしたときのことです。師は、夜を徹してゲラを読まれ、すぐに推薦文を書かれました。翌朝それを取りに行った編集者に、次のように言われました。

「この本は恩書です。人に恩人があるように、本にも恩書があります。この歳（当時八六歳）になって、こんな恩書にめぐり会えるとは、思ってもみませんでした」

それを伝え聞いた私は、大きな衝撃を受け、結局、人生の方向性をほとんど一八〇度、転換していったのです。

冒頭に記したエピソードは、講演でこのことに触れ、師のご恩に感謝することばを述べたとたんに、感きわまって泣いてしまったのです。

このおことばをいただいた一九九四年は、私の運命の波は、ちょうどボトムのまっただなかでした。9章で述べたように、私の人生はみごとな周期性を描いています。

CDを開発して、一躍《いちやく》、世の中の脚光を浴びるという外的運命のピークを経験し、六年後には、自ら苦労して立ち上げた事業部から追い出されるという深いボトムに遭遇しました。

さらに、その六年後には、NEWSと名づけたワークステーション（専門家向けコンピュータ）が大ヒットして、またマスコミの注目を集めました。

このときは、四六歳の若さで取締役になり、ソニーのコンピュータ・ビジネスをすべて統括する事業本部長に就任しました。

ところが、そのまた六年後、急激な円高からNEWSビジネスが赤字になり、事業本部長をクビになったのが、一九九四年三月でした。

私も、多少は運力が強化されていたのだと思いますが、一二年前のボトムに比べれば、かなり冷静にしのげるようになっていました。

それでも、八年間務めてきた事業本部長を突然クビになっており、行き場のない憤《いきどお》りと、やるせない不安感にさいなまれていました。

そしてなによりも、実績を上げれば、安定した精神状態になると信じていたのに、二度（CDとNEWS）も、世の中から大喝采《かっさい》を浴びる成功をおさめているにもかかわらず、あいかわらず不安や焦燥感でいっぱいの自分に嫌気がさしていました。

以前なら、「さらに実績を上げよう」と思ったでしょうけど、「このままの人生でいいのだろうか」という疑いが、頭をもたげていたのです。

つまりその時点では、まだ私は、あきらかにモーレツ企業人のひとりだったのですが、そうであることにちょっぴり疑問が出ていたのです。

ことばを換えると、入社以来ちょうど三〇年間にわたって、企業の価値観のみを信じて、まっしぐらに走ってきた方向性がすこし揺らいでいたとも言えます。

私は、ちょうどこの数年前から、本を書きはじめていました。当初は、CD開発の裏話や、NEWS開発のときの人材活用論など、会社の仕事関連の本でした。

とても本名では書けるような内容ではないので、天外伺朗《てんげしろう》というペンネームを使ったのですが、会社にバレてしまい、トップから激しい叱責《しっせき》を受けました。

「書くなら、すべて広報部を通せ！」と言われてしまったのです。そんなことをしたら、本当に書きたいヤバい話は書けません。

そこで、ちょうど興味を持っていた、最新の物理学と、深層心理学と、宗教の接点から見える精神的な世界に焦点を当てて、書きはじめました。

会社の業務とはまったく関係ないから、広報部を通さなくてもいいだろう、と勝手に解釈しておりました。

それでもトップからは、繰り返し注意が来ました。内容がかなりスピリチュアルになっており、そういうことが嫌いなお客様相手に、商品を売らなければならないので問題だという理由でした。

たしかに、取締役があやしげな本を書いていたら、会社全体の評判を落とす可能性はあるな、と私は、トップの意向がきわめてもっともだと納得しました。

親しい友人や先輩からも、「本なんか書くのをやめないと、せっかくのキャリアを棒に振るぞ」と、アドバイスされていました。

私自身も、せっかくすばらしい実績を積んだのに、本を書いたことで、出世の道を閉ざされてしまうのはかなわないな、と思っていました。

ところが、書く本が次々にベストセラーになり、おまけに馬鹿にならない印税が入ってきて、その快感と煩悩に翻弄《ほんろう》されてしまいました。

つまり、「これはまずいぞ！」といううしろめたい気持ちを抱えたまま、まるで麻薬中毒患者のように、書くのをやめられなくなっていたのです。


その激しい葛藤のなかで、松原泰道師のおことばをいただいたのです。私自身は、本を書く動機はまぎれもない煩悩だと思っていたし、本を書くことじたいが企業の価値観に照らせば、「悪」だと思っていました。

それを、天下の名僧がこんなに喜んでくれたのです。

私にとっては、たいへんな驚きだったのですが、よくよく噛《か》みしめてみると、師が喜んでくれたということは、ほかの多くの人の喜びを代弁しており、会社で出世することよりも、はるかに大きな価値があり、生きがいにつながるという感じになってきました。

それからしばらくして、私は、企業の価値観をスッパリと捨てる決心をしました。捨ててみたら、自分の人生観がはるかに豊かになり、生きるのが楽になり、あらゆることが輝いて見えるようになりました。

かつての葛藤が、「なんで、あんなことで悩んでいたんだろう」ときれいさっぱり消え去りました。

よくよく冷静に考えてみれば、もう十分に出世しており、これ以上出世する必要はないのです。定年まで静かに流していけばいいや、と思いました。

実際には、このあと「ＡＩＢＯ（犬型ロボット）」の開発をして、もうひと花咲かせました。

しかしながら、トップが強烈に反対しているなかで開発を続け、意向に逆らって、喧嘩腰《けんかごし》で商品化を強行したわけですから、むしろ企業の価値観を離れたからこそ、できた仕事だったと思います。

その後の私は、本を書くかたわら、マハーサマディ研究会（現ホロトロピック・ネットワーク）という団体を立ち上げ（7、15章）、医療改革、教育改革、企業経営改革に取り組み、瞑想や断食の指導など、幅広い活動をするようになりました。

企業の価値観のなかで生きていたころに比べると、はるかに大きくはばたけるようになったと思います。

のちに心理学を勉強したら、企業の価値観から離れることは、心のなかで自分を縛っている枠をこわすことであり、実存的変容のひとつであることがわかりました。

運力の法則⑳

ビジネスマンは、企業の価値観を捨てることができれば、実存的変容につながり、運力が向上する。

［21章］

名僧による名説法

松原泰道師は、「ふつうはこう書きますね」と白板に「座禅」と書かれました。それをしばらく眺めてから、やおら上の「广」を消して「坐禅」だけ残して、ニコッと笑って……、

「べつに、屋根（广）なんかなくたって、坐禅はできますすな……」

坐の下側にある「土」は大地であり、地球であり、そして宇宙を表わしている、ということです。

「その上に、人がふたりいるわけです」

それから師は、13章で紹介した俵万智さんの短歌を白板に書かれました。

泣いている　我に驚く　我もいて
恋は静かに　終わろうとする

それから、彼女のなかに泣いている自分と、それを冷静に見つめるもうひとりの自分がいる、という話をされました。じつは、13章の冒頭部分は、このときの師のお話

「もうひとりの自分」を育てる

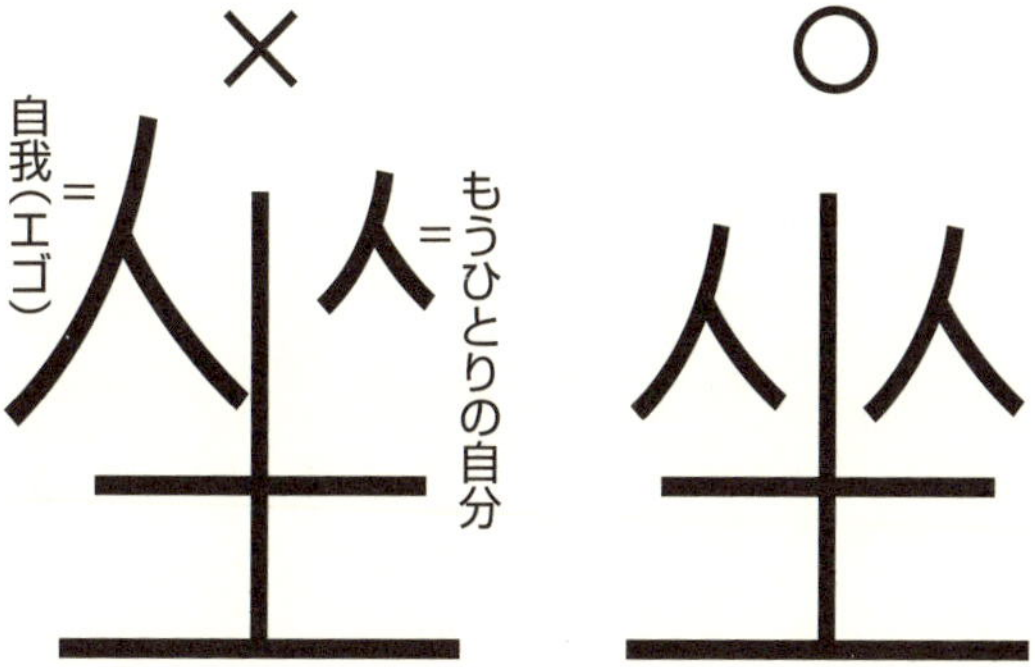

の受け売りです。

「土の上のふたりのうち、たとえば左側の人が、実際に泣いている自分です」

右側は、それを冷静に見ているもうひとりの自分ということになります。彼女の場合、そのふたりがとてもバランスが取れていることが、この短歌から見て取れます。

「みなさんのほとんどは、もうひとりの自分が、発育不良でいらっしゃいます」

師は、白板の坐の右側の「人」を消し、図のように書き直されました。

「漢字としてバランスが悪くなりますね。じつは、人間としてもバランスがよくないのです」

状況が悪くなっても、右側の「人」がしっかり育っていれば、俵万智さんのように自分を客観的に見つめ切り抜けていける、という主旨を、ユーモアたっぷりにお話しされました。

「坐禅を続けていれば、ごく自然に、もうひとりの自分が育ってきます」

じつは、この法話は、坐禅合宿の最中にいただいたものです。いま実習している坐禅の効用についてのお話でした。

「ただこれは、みなさんにこっそりお教えするんですが、本当は内緒の話なんです」

禅宗のほうでは、本当は、坐禅の効用を説いてはいけないということです。行者が効用を求めて坐るようになると、どうしても坐禅のクオリティーが落ちてしまいます。ですから、効用を求めず、目的を持たず、ただひたすら坐る、という態度が求められます。

「でも、ついでですから、もうひとつ内緒のお話をしましょう」

ふたりの人のバランスが取れたあと、さらに坐禅を続けていくと、いったいどうなるでしょうか。

「右側の人が、どんどん大きくなって、肥大してしまうのではありません」

あくまでも、バランスは保たれるとのことです。結局、左側の人も、右側の人も土のなかに溶け込んでいって、結局なぁんにもなくなってしまう、というのが仏教の教えだそうです。

「そのとき屋根（广）の下で坐っていると、屋根だけ残ってしまって具合が悪い」

最後のところはちょっと記憶があやふやになっていますが、なぜ「座禅」を「坐禅」と書くか、ということに関して、ジョークを言われました。

もう一〇年以上前の話ですが、夏の軽井沢でのひとこまです。

私たち「マハーサマディ研究会」のメンバーは、毎年、師の坐禅堂「日月庵《にちげつあん》」で合宿し、ご指導をあおいでおりました。早朝や夜の、坐禅堂のピンと張りつめた空気。さかんに鳴く鳥や虫の伴奏。豪雨のなかの坐禅がすばらしかったこと。

顔に蚊《か》がとまっても、血を吸い終わって飛んでいくまで、じっとがまんをして、身じろぎもしなかったこと、などがとても懐かしく想い出されます。

合宿が終わって、お礼のご挨拶《あいさつ》をして、

「来年もまた、よろしくお願いします」と申し上げると、

「さぁねぇ。来年は、もうあちらがわに参《まい》っているんじゃないですかねぇ」

とおっしゃるのが恒例でした。それを聞いて、私たちは、逆に妙に安心したものです。まだ師が、八〇歳代後半のころです。

ときは流れ、刻々と世は変わり、人はうつろいます。

二〇〇九年七月二十九日、師は満一〇一歳（数えで一〇三歳）で遷化《せんげ》されました。

「私が死んだら、すぐその日から地獄で説法をはじめますよ」と、もう何年も前からしきりにおっしゃっていました。なぜ地獄かというと、

「極楽なんか行ったら、あなたたち、誰ひとり来やしないでしょう」というオチがついていました。

師は、早稲田大学オチ研（落語研究会）に属されていたことがあり、説法はいつも

軽妙で、ユーモアにあふれていました。

語り口がとてもわかりやすく、すーっと入ってくるので、その深い意味に気づくのは、ずーっとあとになってからということがしばしばありました。

そういうのを、名僧による名説法と言うのだと思います。

右の説法も、師の軽妙さはとても紙上に再現できておりませんが、お話をうかがったときには、その背後にある、目がくらむばかりの深遠な神秘性には、まったく気づきませんでした。

本書は、いわばこの説法を芯にして、さまざまな肉づけをしたにすぎません。十数年の歳月を要しましたが、ようやく最近になって、私自身が納得できる解釈が見つかりました。

左側の「人」は、心理学で自我（エゴ）と呼ぶ概念に近いのですが、西欧の学問のようにきちっと定義しないで、すこしぼかしておいたほうが仏教的だし、かえって真理にせまれることも、だんだんわかってきました。

その全体を氷山だとすると、海面から上に出ている部分がペルソナです（13、14

章)。すでに述べたように、「いい／悪い」という分別智にもとづいて「こうあるべきだ」と規定した自分自身です(14章)。

いまの社会では、社会的に健全なペルソナが形成できれば「よし」とする風潮があり、それを人間形成の目標にしています。また、前述のように、きわめて多くの人が、ペルソナを自分自身そのものだと錯覚して、苦しんでいます(6、14章)。

つまり、ほとんどの人が、人間に関して、きわめて浅い解釈しかできていません。より深い理解を助けてくれるのが、心理学であり、また宗教なのです。

さて、左側の「人」の、氷山の水面下に相当するのが、無意識に住むモンスターたちです(17章)。氷山のたとえどおり、水面上のペルソナより、水面下のモンスターたちのほうが、はるかに巨大で、はるかに強力に私たちを支配しています。

ことばを換えると、人間の苦しみの源泉は、基本的には、モンスターたちが巨大で強力だからです。本書を貫く一本の柱は、モンスターたちに、どうおつきあいいただくか、ということです。

じつは、モンスターたちはドラキュラと同じであり、日の光を浴びると力を失い、小さくなってしまいます。無意識の暗闇にいないと、活発には活動できないのです。6章では、同じ内容を「抑圧すると、巨大化してモンスターになる」と述べました。坐禅をはじめとする瞑想法は、簡単に言えば、無意識に光を当てるための手法です。光が当たると、モンスターたちは力を失い、本来の大きさに戻ります。

そうすると、モンスターたちの奥でひっそりと眠っていた「もうひとりの自分」が、ようやく目を覚《さ》まして、活動をはじめるのです。それが、土の上にいる右側の人です。

とても時間がかかることですが、これが運力強化の王道です。

運力の法則㉑
瞑想を続けていると、無意識に光が当たり、そこに住むモンスターたちが力を失っていく。そうすると、その奥で眠っていたもうひとりの自分が目を覚まし、活動をはじめる。これが運力強化の王道だ。

むすび

良寛の「災難をのがるる妙法」から話をはじめ、坐亡（マハーサマディ）、経行、無分別智、仏性、四苦、涅槃、坐禅の効用など、仏教のさまざまな教えを参照して、運命と運力にまつわる私の説を展開してきました。

その切り口と表現は、従来の仏教とはかなり違いますが、本書も、仏教書としての匂いがプンプンと漂っているかもしれません。

運力を強化するための方法論は、仏教の修行と本質的な方向性は変わりません。ただし仏教では、悟りという頂上に向かう直線ルートを説いているのに対し、本書では社会的成功という寄り道をしてでも、凡夫がゆっくり登るハイキング道を示していきます。

巷には、社会的成功のためのさまざまな方法論がはびこっていますが、しゃにむにお金や名誉を追い求めると、頂上に通じる道から迷い出てしまい、人生を誤りかねません。

社会的成功というのは、運命の波の高いピークなのですが、それは深いボトムをともなっており、対処を誤ると崖下《がけした》に転落します。

本書で言う運力は、ボトムに賢《かしこ》く対処する力でもあり、淡々とやり過ごすおだやかな人生か、ボトムで必死に努力をして、社会的成功を獲得する強い生きかたなどにつながります。

運力強化のひとつが、不運や死の恐怖などから逃げようとしないで、直面することです。逆に逃げようとすると、無意識の闇のなかで、それらがモンスター化して、人生を支配するようになってしまいます。

また、瞑想を長年続けると、無分別智を備えた「もうひとりの自分」が姿を現わします。それが、運力強化の王道です。

21章で述べたように、本書は、故松原泰道師の軽井沢の日月庵における説法を一〇年以上かかって消化し、肉づけしてきたものです。

ささやかながら、ご恩返しができたとしたら、とても嬉しく思います。

本書を、故 松原泰道《まつばらたいどう》師に捧げます
2009年7月29日遷化《せんげ》(数えで103歳)

「私が死んだら、すぐその日から地獄で説法をはじめますよ」
「はい、わかりました。私もすぐに参ります」

参考文献

天外伺朗『ここまで来た「あの世」の科学［改訂版］』（祥伝社黄金文庫）
天外伺朗『未来を開く「あの世」の科学』（祥伝社）
天外伺朗『般若心経の科学』（祥伝社）
天外伺朗『運命の法則』（ゴマ文庫）
天外伺朗『宇宙の根っこにつながる瞑想法』（飛鳥新社）
天外伺朗、衛藤信之『イーグルに訊け』（ソフトバンク文庫）
天外伺朗『五十歳からの成熟した生き方』（海竜社）
天外伺朗『経営者の運力』（講談社）

本書は祥伝社黄金文庫のために書き下ろされた。

一〇〇字書評

運力

切り取り線

購買動機（新聞、雑誌名を記入するか、あるいは○をつけてください）

- □（　　　　　　　　　　　　　　　）の広告を見て
- □（　　　　　　　　　　　　　　　）の書評を見て
- □ 知人のすすめで
- □ タイトルに惹かれて
- □ カバーがよかったから
- □ 内容が面白そうだから
- □ 好きな作家だから
- □ 好きな分野の本だから

●最近、最も感銘を受けた作品名をお書きください

●あなたのお好きな作家名をお書きください

●その他、ご要望がありましたらお書きください

住所	〒				
氏名		職業		年齢	
新刊情報等のパソコンメール配信を 希望する・しない	Eメール	※携帯には配信できません			

あなたにお願い

この本の感想を、編集部までお寄せいただけたらありがたく存じます。今後の企画の参考にさせていただきます。Eメールでも結構です。

いただいた「一〇〇字書評」は、新聞・雑誌等に紹介させていただくことがあります。その場合はお礼として特製図書カードを差し上げます。

前ページの原稿用紙に書評をお書きの上、切り取り、左記までお送り下さい。宛先の住所は不要です。

なお、ご記入いただいたお名前、ご住所等は、書評紹介の事前了解、謝礼のお届けのためだけに利用し、そのほかの目的のために利用することはありません。

〒一〇一‐八七〇一
祥伝社黄金文庫編集長　吉田浩行
☎〇三（三二六五）二〇八四
ohgon@shodensha.co.jp

祥伝社ホームページの「ブックレビュー」からも、書けるようになりました。
http://www.shodensha.co.jp/bookreview/

祥伝社黄金文庫

祥伝社黄金文庫　創刊のことば

「小さくとも輝く知性」――祥伝社黄金文庫はいつの時代にあっても、きらりと光る個性を主張していきます。

真に人間的な価値とは何か、を求めるノン・ブックシリーズの子どもとしてスタートした祥伝社文庫ノンフィクションは、創刊15年を機に、祥伝社黄金文庫として新たな出発をいたします。「豊かで深い知恵と勇気」「大いなる人生の楽しみ」を追求するのが新シリーズの目的です。小さい身なりでも堂々と前進していきます。

黄金文庫をご愛読いただき、ご意見ご希望を編集部までお寄せくださいますよう、お願いいたします。

平成12年(2000年) 2月1日　　祥伝社黄金文庫　編集部

運力《うんりょく》　あなたの人生《じんせい》はこれで決《き》まる

平成22年10月20日　初版第1刷発行

著　者　天《てん》外《げ》伺《し》朗《ろう》

発行者　竹内和芳

発行所　祥《しょう》伝《でん》社《しゃ》

東京都千代田区神田神保町3-6-5
九段尚学ビル　〒101-8701
☎03 (3265) 2081 (販売部)
☎03 (3265) 2084 (編集部)
☎03 (3265) 3622 (業務部)

印刷所　萩原印刷

製本所　ナショナル製本

ISBN978-4-396-31525-2 C0195

祥伝社のホームページ・http://www.shodensha.co.jp/